Martina Mittag

Blitzschnell frisch und ausgeglichen

Ihr persönliches 5-Minuten-Programm fürs Büro

Campus Verlag
Frankfurt/New York

Bibliografische Information der Deutschen Nationalbibliothek.
Die Deutsche Nationalbibliothek verzeichnet diese Publikation in der
Deutschen Nationalbibliografie; detaillierte bibliografische Daten sind
im Internet unter http://dnb.d-nb.de abrufbar.
ISBN 978-3-593-38255-5

Das Werk einschließlich aller seiner Teile ist urheberrechtlich geschützt.
Jede Verwertung ist ohne Zustimmung des Verlags unzulässig. Das gilt
insbesondere für Vervielfältigungen, Übersetzungen, Mikroverfilmungen
und die Einspeicherung und Verarbeitung in elektronischen Systemen.
Copyright © 2008 Campus Verlag GmbH, Frankfurt am Main.
Umschlaggestaltung: R.M.E, Roland Eschlbeck und Ruth Botzenhardt
Umschlagmotiv: © gettyimages
Fotografien: Karsten Breckwoldt, hamburgvisions
Satz: Campus Verlag GmbH, Frankfurt am Main
Druck und Bindung: Druck Partner Rübelmann GmbH, Hemsbach
Gedruckt auf säurefreiem und chlorfrei gebleichtem Papier.
Printed in Germany

Besuchen Sie uns im Internet: www.campus.de

Inhalt

Die lohnende Pause 9

Mein Weg zu einem entspannteren Leben 9
Keine Zeit für Muße? 11
Im Augenblick ankommen 14
Die Fähigkeit zur Muße wieder in unser Leben
und unseren Alltag zurückholen 15

Abschalten oder Auftanken? 20

Die drei Grundenergien 21
So bringen Sie die Energien in sich in Einklang 25

Die Atmung: Der Schlüssel zur Lebenskraft 29

Atme erst einmal tief durch – was Sie über den
Atem wissen sollten 29
Den Atem bewusst machen – grundlegende
Atemtechniken 32
Atemtechniken zum Stimulieren der Energien 37

Hallo wach! Knackfrisch in den Tag 46

Vorbereitung 46
Zentrieren und Einstimmen 48
In Schwung kommen 52
Auf die sanfte Tour 53
Die innere Balance finden 59
Blitzstart in den Tag 64

Ausgleichsübungen fürs Büro 67

Auf die Signale des Körpers achten 67
Fitness für Arme, Hände und Finger 68
Den Brustkorb öffnen und das Herz weit machen 77
Entspannung für Hals und Nacken 80
In jeder Situation aufrecht und entspannt 82

Das Gesicht: Spiegel der Befindlichkeit 90

Ausdruck und Mimik 90
Übungen für ein entspanntes und strahlendes Gesicht ... 91
Übungen für eine klare Sicht und einen frischen Blick ... 95
Sanfte Energiemassage für Gesicht und Kopf 103

Wenn das Einzige, was Sie wollen, die Couch ist... 116

Den Kopf frei machen – aktiv entspannen 116
Lassen Sie sich einfach mal gehen 117

Entspannen durch Anspannen	119
Klopfen Sie sich frisch	121
Lockernde Übungsreihe für Rücken und Gelenke	122
Aromatisches für die Sinne	129
Frischekick für die Füße	130

Eine starke Mitte 133

Die Quelle der Kraft 134
Aktivieren des Beckenbodens 138
Kurzprogramm »Kraft aus der Tiefe« 140

Den Strom der Gedanken beruhigen 157

Der Weg zur inneren Ruhe 158
Mentale Übungen – Gehirnjogging nur umgekehrt 159

Anhang 183

Die Übungsreihen im Überblick 185
Danksagung 190
Literaturempfehlungen 192
Register 193

Die lohnende Pause

Bei meinen Schulungen und Seminaren beobachte ich seit Jahren, dass sich bei vielen meiner Teilnehmer das leistungsorientierte Verhalten, das sie im Job an den Tag legen, immer wieder auch in die Freizeit einschleicht. Wir sind heutzutage einfach darauf trainiert, aus allem das Optimum herauszuholen und hartes Zeitmanagement zu betreiben. Da scheint es oft schwer, einen Gang herunterzuschalten, selbst wenn die ehrliche Absicht und das Bedürfnis nach Erholung im Vordergrund stehen.

Mein Weg zu einem entspannteren Leben

»Die hat gut reden als Entspannungstrainerin«, denken Sie jetzt vielleicht. »Was weiß jemand, der den ganzen Tag lang Entspannung lebt und unterrichtet, schon vom knallharten Stress im Job?« Weit gefehlt! Oftmals haben Experten ihres Faches – ganz besonders wenn es um Entspannung geht – einen steinigen Weg hinter sich. Als Führungskraft einer exklusiven Hamburger Fitness- und Wellness-Kette war ich viele Jahre für ein Team von 120 Personen sowie für Qualitätsmanagement und Entwicklung verantwortlich. Dabei hatte das Wohlbefinden der Gäste und Mitarbeiter stets die höchste Priorität, und so rückte ich meine eigene Befindlichkeit zunehmend in den Hintergrund. Zu dieser Zeit sah ich Pausen als nicht erforderlich an. Schließlich war die Arbeit interessant und füllte mich vollkommen aus. Die Schritte hin zum Burn-out waren schleichend. Warnungen mir nahestehender Menschen und körperliche Symptome ignorierte ich einfach. Das ging so weit, dass ich mir nicht einmal mehr die Zeit nahm, in Ruhe zu essen. Auch in meiner Freizeit dominierte der Job. Die Ruhe und Erholung, die ich propagierte, fanden in meinem persönlichen Leben damals keinen Raum. Selbst meinen gesamten Urlaub nutzte ich für berufliche Fortbildungen. Jährlich stattfindende internationale Kongresse zum Beispiel in Las Vegas, New York und Orlando sowie mein berufliches Engagement als Referentin im Bereich Fitness füllten jede freie Minute.

Zu meinem großen Glück bewegte mich meine innere Stimme schließlich dazu, an einem vierwöchigen Yoga-Retreat in Tirol teilzunehmen. Wieder einmal wollte ich mein Wissensspektrum erweitern, um beruflich noch erfolgreicher durchstarten zu können. Aber die Tatsache, dass ich vier Wochen lang Zeit hatte, herausgelöst aus meinem Alltag, über mich und mein Leben nachzudenken, löste eine Transformation aus. Der Tagesablauf dort hatte straffe Strukturen. Es gab kaum freie Minuten und auch nur wenig Freizeit, doch schwerpunktmäßig beinhaltete das Programm Ruhe und Schweigen. Dies bewirkte ein tiefes Nachdenken und Reflektieren in mir, wie ich es in den vergangenen Jahren nie zugelassen hatte. Und hätte ich geahnt, welche Konsequenzen dieser Aufenthalt haben würde, hätte ich aus damaliger Sicht diesen Weg vielleicht nicht eingeschlagen. Doch dann ging alles ganz schnell. Ich erkannte die dringende Notwendigkeit, eine bestimmte Zeit lang völlig abzuschalten. Innerhalb weniger Monate trennte ich mich von allem, was mir vorher wichtig war: von meinem Partner, meinem Job, meiner Wohnung. Den Ballast meines Lebens reduzierte ich auf ein Gepäckstück von 14,8 Kilogramm. Damit reiste ich für mehrere Monate nach Indien – eine lange und wertvolle Pause.

Bei meiner Rückkehr wirkte der leistungsorientierte Alltag hier in Deutschland zunächst wie ein Schock. Und ich wurde mir schnell der Tatsache bewusst, wie groß die Gefahr ist, wieder zu alten Strukturen zurückzukehren. Sicher kennen Sie das: Sie kommen energiegeladen und mit vielen guten Vorsätzen aus dem Urlaub zurück – doch schon nach einer Arbeitswoche hat Sie der Alltag wieder fest im Griff. Sie verfallen in alte Routinen, und die guten Vorsätze rücken in den Hintergrund.

So bitter dieser Erkenntnis auch sein mag, für meine berufliche und persönliche Entwicklung hat sie entscheidende Impulse gegeben. Meine persönlichen Auszeiten habe ich mir zu Beginn meines »neuen Lebens« schwer erkämpft, aus dem Bewusstsein heraus, nie wieder in das Hamsterrad der ausschließlichen Leistungsorientierung geraten zu wollen. Sinnvoll genutzte Pausen und fest geplante Phasen der Ruhe und Erholung sind jetzt definierte Größen in meinem Leben. Die Zeit, die mir früher davonzulaufen schien, zeigt sich heute als Multiplikator meiner Schaffenskraft.

Mein jetziges berufliches Wirken ist auf die wichtige Bedeutung einer maßvollen, sinnvollen und liebevollen Pausenkultur ausgerichtet. Während meiner Arbeit mit Führungskräften merke ich immer wieder, wie stark der Bedarf nach adäquaten Pausen ist. »In der Ruhe liegt die Kraft.« Mein Anliegen ist, diesen Sinnspruch in den heutigen Alltag und in die Unternehmenskultur zu integrieren.

Keine Zeit für Muße?

Seit ein paar Jahren werden auf dem Wellness-Markt eine Vielzahl von Methoden und Praktiken zur Entspannung und Regenerierung angeboten. Zugleich hat sich aber auch ein neues Phänomen dazugesellt: der »Wellness-Stress«. Selbst Wellness, der Megatrend der letzten Jahre, scheint sich dem Drang unserer Gesellschaft nach ständiger Leistungssteigerung und Optimierung nicht entziehen zu können. Und so werden mitunter eifrig Methoden zur Entspannung konsumiert, ohne der Wirkung die geringste Chance zu geben, sich zu entfalten.

Die meisten von uns sind von Sprichwörtern wie »Müßiggang ist aller Laster Anfang« und »Zeit ist Geld« geprägt. Bloß nicht die Hände in den Schoß legen. Das ist etwas für alte Leute, die ihr Leben hinter sich haben. Möglichst jede freie Minute produktiv nutzen, scheint das Credo unserer modernen Zeit zu sein. Zeit für sich selbst zu haben oder sie sich gar zu nehmen, wird schnell mit Egoismus, Faulheit oder sogar Versagertum gleichgesetzt. »Nichtstun« lässt sich noch schwerer erklären. Stellen Sie sich folgenden Dialog vor:

Das Telefon klingelt.
»Hallo, ich bin es. Was machst du gerade?«
»Nichts!«
»Wie, nichts? Du musst doch irgendetwas tun.«
»Nein, ich mache gerade nichts.«
»Gar nichts? Das geht doch gar nicht! Man kann doch nicht nichts tun! Geht's dir nicht gut? Bist du krank?«
»Nein, mir geht es gut. Ich mache nur grade einfach nichts.«
»Dein Leben möchte ich haben! Ha, ha! Also ich muss dann jetzt mal. Die Kinder vom Hockey abholen. Ach ja, und auf dem Weg dahin noch mal kurz ins Büro. Du weißt schon, die EDV-Umstellung. Wenn ich bei der Einweisung ins neue System nicht selbst vor Ort bin, läuft wieder alles aus dem Ruder. Du kennst das ja: Wenn man nicht alles selbst macht, geht es meistens in die Hose! Und später kommen noch Bernie und Antonia vorbei, um das Programm für die Sommerparty im Golfclub noch einmal durch-

zugehen. Ich wünsche dir derweil viel Spaß beim Nichtstun. Geht's dir auch wirklich gut? Oder muss ich mir Sorgen machen? ... Nichtstun! ... Ha, ha, guter Witz!«

Es scheint fast so, als hätten wir die Kunst des Müßiggangs, des Innehaltens oder des Nichtstuns verlernt. Das ein wenig altmodisch anmutende Wort »Muße« ist in unserem Sprachgebrauch der Inbegriff dessen, was wir unter »Sich-wohl-Fühlen in der Zeit« einmal verstanden haben. Eine Zeit, die man frei von den Ergebnissen einer Handlung genießt, in der man sich erholt und wieder Kraft tankt. »Schöpferische Muße« wird bereits in der Antike näher beschrieben und war das Privileg einer gehobenen gesellschaftlichen Klasse. Die Denker der Antike gingen davon aus, dass Glück allein in der Muße zu finden sei und nicht im zweckorientierten Handeln. Doch viele Menschen machen heute in ihrer Freizeit genau so weiter wie im Job: »Nur, wenn ich auch in meiner Freizeit etwas leiste, habe ich sie sinnvoll genutzt!«

Aber warum finden wir keine Muße mehr, obwohl wir noch nie über so viel Freizeit verfügt haben wie gegenwärtig? Sollten wir einem Menschen, der vor 200 Jahren gelebt hat, die heutige Zeit schildern, würden wir ihm sicher von den vielen technischen und zeitsparenden Errungenschaften erzählen: Unsere Wäsche brauchen wir nicht mehr mühsam mit der Hand waschen, das erledigen Waschmaschine und Trockner. Auch unser Geschirr spülen wir nicht mehr selbst, wir stellen es einfach in eine Maschine. Wenn wir Freunde in einem 30 Kilometer entfernten Ort besuchen möchten, so benötigen wir keinen Tagesmarsch mehr dafür. Wir steigen einfach in den Wagen und sind in einer halben Stunde am Ziel. Ein Besuch auf einem weit entfernten Kontinent erfordert keine monatelange Reise mit dem Schiff mehr, wir setzen uns einfach ins Flugzeug. Wollen wir nur mit jemandem sprechen, greifen wir zum Telefon und sind in wenigen Augenblicken mit dem gewünschten

Gesprächspartner verbunden, egal wo in der Welt er sich befindet. Brauchen wir Informationen zu einem bestimmten Thema, wälzen wir keine Bücher mehr, sondern die Suchmaschine im Internet erledigt das in Sekundenschnelle.

Doch wie erklären wir unserem Vorfahren, dass wir die eingesparte Zeit nicht genießen, sondern beklagen, dass wir immer weniger subjektiv gefühlte Zeit für uns selbst haben? Wie erklären wir ihm, dass Stress eine der Hauptursachen für die zahlreichen psychosomatischen Erkrankungen unserer Zeit ist?

Im Augenblick ankommen

Vor kurzem lief eine Dokumentation im Fernsehen, in der sich eine Gruppe von Menschen acht Tage und Nächte lang unter wissenschaftlicher Anleitung in das Leben einer Hofgemeinschaft von vor 200 Jahren begeben hat: ohne Strom, ohne Heizung, mit Strohbetten und in zeitgenössischer Kleidung. Auf dem Programm standen überlebenswichtige Aufgaben wie Feuer machen, Vieh versorgen und Brot backen. Zu Beginn der Dokumentation äußerten einige Teilnehmer den Wunsch und die Vorstellung, ein anderes Erleben der Zeit während des Experiments zu erfahren. Es gab zu dieser Zeit nämlich keine Wecker, sondern man wurde morgens von Hahnengeschrei geweckt.

Wenn ich an dieser Stelle das Leben unserer Vorfahren mit unserem modernen Leben vergleiche, dann geht es mir nicht darum, die verklärte Romantik einer früheren Zeit heraufzubeschwören. Das Leben vor 200 Jahren war sehr viel mühseliger, anstrengender und kürzer, doch hatte unsere Vorfahren aus dem Mittelalter einfach mehr Gelegenheit zur Muße. Sie lebten und arbeiteten eher naturverbunden an der frischen Luft. Das Arbeitstempo war gemächlicher. Sie konnten ihren Gedanken nachhängen, ohne dass ein

Handy sie dabei störte. Machten sie auf einem Fußmarsch in einer Raststätte halt, gab es dort auch keinen Fernseher, der die Katastrophen aus aller Welt stündlich verkündete. Was kümmerte man sich damals schon darum, was in weit entfernten Kontinenten vor sich ging? Oft wusste man noch nicht einmal, was in der nächsten Stadt geschah. Und wenn einen Neuigkeiten erreichten, waren sie oft schon Monate alt. Man lebte mehr im Augenblick, in der Gegenwart, im Hier und Jetzt. Man war noch kein Opfer eines ständigen Beschleunigungsdrangs, der sich heutzutage fast überall bemerkbar macht, denn der eilige moderne Mensch fühlt sich nie am richtigen Ort, er ist immer auf dem Sprung. Die Jahreszeiten bestimmten damals viel mehr als heute den Lebensrhythmus und damit die Phasen von Aktivität und Ruhe. Man hatte kein elektrisches Licht, das die Nacht zum Tag werden lässt und Schichtarbeit ermöglicht. Man musizierte und sang in geselliger Runde, es gab noch keine Unterhaltungsindustrie. Auch in kultureller Hinsicht wechselten sich Aktivität und Ruhe ab. Manche Feiertage ermunterten zu ausgelassenen Festen, andere zu Besinnung. Vorweihnachtlicher Konsumstress, wie wir ihn heute erleben, war unbekannt. Man strickte, bastelte oder schreinerte die Geschenke und das gab einem wiederum Gelegenheit zur Muße. Es scheint so, als ob Muße ein wesentlicher Aspekt der Lebensqualität unserer Vorfahren war, die wir im Zuge der extremen Beschleunigung und dem Überangebot an Zerstreuung unserer Zeit aus den Augen verloren haben.

Die Fähigkeit zur Muße wieder in unser Leben und unseren Alltag zurückholen

Der Ausweg aus diesem Hamsterrad von »schneller – höher – weiter« ist unsere innere Einstellung. Wenn wir lernen, eine gewisse innere Gelassenheit zu entwickeln, dann wird das Alltägliche zu einer Quelle von Inspiration und Kraft. Lassen Sie sich das Wort Gelassenheit einmal ganz langsam auf der Zunge zergehen. Vielleicht spüren Sie dabei die Schwingungen der Silbe »lassen«, die zugleich Ruhe, grenzenlose Weite und das Öffnen der Sinne in sich trägt. Wenn wir uns in Ge*lassen*heit üben und Los*lassen* können, dann verbinden wir uns wieder mit unserer ursprünglichen Natur.

Entdecken Sie Ihre persönlichen Inseln der Ruhe

Dieses Buch ist eine Einladung an Sie, Ihre persönlichen Inseln der Ruhe und des Auftankens zu entdecken und sich in der Kunst der Gelassenheit zu üben. Dazu bietet uns der Alltag eine unglaubliche Fülle an Möglichkeiten und Gelegenheiten. So können Sie zum Beispiel das nächste Mal, wenn Ihr Computer abstürzt oder es wieder einmal unendlich lange dauert, bestimmte Daten zu laden, diese geschenkte Zeit für sich nutzen. Statt ungeduldig zu warten oder gar ärgerlich zu werden, weil Sie befürchten, die Zeit rennt Ihnen davon, praktizieren Sie einfach eine der Übungen aus diesem Buch. Oder Sie gewöhnen sich an, jeden Morgen ein wenig früher aufzustehen. Das muss nicht gleich eine ganze Stunde sein. Nur so viel, dass Sie sich ein kleines bisschen aus Ihrer gewohnten Komfortzone herausbewegen müssen, also etwa 15 bis 20 Minuten. Machen Sie diese gewonnene Zeit zu Ihrer persönlichen Luxuszeit. Schenken Sie sich diese liebevollen Momente, in denen Sie nur für sich da sind. Auch hier bietet Ihnen das Buch zahlreiche Anregungen.

Wir können die Fähigkeit zum Innehalten und zur Muße regelrecht trainieren, indem wir uns angewöhnen, zu bestimmten Zeiten bewusste Pausen einzulegen. Das muss nicht gleich ein langes Wochenende oder der noch weit entfernte Urlaub sein. Sich im Alltag kleine Auszeiten einzuräumen und im Jetzt anzukommen ist der

Schlüssel zu mehr Gelassenheit und die Grundlage für genussvolles Empfinden. Diese täglichen kleinen Oasen der Ruhe und der Besinnung können Sie individuell in Ihren Alltag einbauen. Dieses Buch zeigt Ihnen viele Möglichkeiten, dies in jeder Lebens- und Stimmungslage umzusetzen.

Üben in allen Lebenslagen

Einen Großteil der Übungen können Sie jederzeit und sofort anwenden, ohne viel Aufwand. Für die meisten Übungen brauchen Sie sich nicht einmal umzuziehen oder die Yogamatte auszurollen. Natürlich wäre es optimal, wenn Sie täglich etwa 30 bis 40 Minuten ausschließlich Zeit für sich selbst und Ihre Übungen hätten, doch in manchen Lebenslagen lässt der Alltag nun mal einfach keinen Raum. Deshalb ist es sinnvoll, sensibel und achtsam für die kleinen Pausen oder Zeitfenster zu werden, die der Alltag für jeden für uns bereithält. Wir müssen sie nur nutzen. Vielleicht denken Sie jetzt »Wie soll ich Entspannung in einem turbulenten Großraumbüro finden«, oder » Die Zeit wäre schon da, aber die äußeren Umstände (zu laut, zu viele Menschen) hindern mich an meinen Übungen«. Aus eigener Erfahrung kann ich Ihnen versichern, dass diese Argumente Irrtümer sind. Ich selbst war lange Zeit der Überzeugung, mich nur entspannen zu können, wenn die äußeren Rahmenbedingungen optimal sind. Wenn ich früher einmal die Zeit hatte, ein Übungsprogramm zu Hause zu machen, ging das nur unter bestimmten Voraussetzungen. Ich war der Meinung, dass der Raum in dem ich übe, vollständig aufgeräumt, ordentlich und sauber sein muss: kein Staubkörnchen auf dem Boden, nichts durfte herumliegen, das Raumklima musste perfekt sein. Ich war überzeugt, dass äußere Reinheit die Voraussetzung für innere Klarheit sei. Also begann ich mein Entspannungsprogramm stets mit aufräumen und putzen. Meistens blieb es dann auch dabei ... Denn wenn ich endlich so weit war, hatte ich keine Zeit mehr. Zwar war jetzt alles sauber, aber ich selbst war wieder einmal zu kurz gekommen.

Ich möchte Ihnen eine Begebenheit schildern, die meine starren Ansichten dazu ein für allemal aufgelöst haben. Zu Beginn meines Indienaufenthalts verbrachte ich einige Wochen in Goa. Nachdem ich ausgiebig den Strand und die Umgebung genossen hatte, machte ich mich auf die Suche nach einer Yogaschule. Eine Bekannte erzählte mir ganz begeistert von einem Yogalehrer aus Nordindien, der während der Saison eine Yogaschule in dem Ort führte, in dem ich wohnte. Und so ging ich gleich am nächsten Tag hin. Die »Schule« war ein kleiner Verschlag aus löchrigen Bambusmatten im Hinterhof eines Wohnhauses, direkt neben dem Schweinestall. Während wir unsere Übungen praktizierten, unterhielten sich direkt neben dem Verschlag einige ältere Männer lautstark und zwischendurch grunzten die Schweine. Da meine Mitschüler dies offenbar ganz normal fanden, schenkte auch ich dem nach kurzer Zeit keine Beachtung mehr und konzentrierte mich auf die Yogapraxis.

Diese und andere Begebenheiten haben mir deutlich gemacht, wie nebensächlich die Umstände sind, wenn wir uns wirklich entspannen wollen. Entscheidend ist die innere Einstellung. Nutzen Sie die Momente der Regeneration im Alltag, selbst wenn um Sie herum das Leben tobt: Machen Sie eine Atemübung, während Sie mal wieder auf den Fahrstuhl warten, oder nutzen Sie die Zeit, die Sie im Stau stehen für einige Übungen aus dem Bereich Gesichtsgymnastik. Dehnen Sie Hals und Nacken, während Sie auf einen Rückruf warten, oder schließen Sie die Augen und machen eine Visualisierungsübung. Achten Sie auf die kleinen unfreiwilligen Pausen im Alltag, und nutzen Sie diese für Ihr Wohlbefinden. Mit der Zeit werden Sie immer mehr Lücken finden – mehrmals wenige

Minuten über den Tag verteilt, ergeben am Ende auch eine viertel oder halbe Stunde.

Der Erfolg der Kurzprogramme liegt in der Wiederholung, denn ihre volle Wirkung entfalten sie erst, wenn Sie sich regelmäßig Zeit dafür nehmen. Beginnen Sie mit wenigen Minuten täglich. Sie werden schnell merken, wie gut es Ihnen tut, etwas ganz in Ruhe und nur für sich selbst zu machen. Gehen Sie bei diesen Übungen liebevoll mit sich selbst um, in der Überzeugung, dass alles, was Sie tun, eine Spur, einen Eindruck in Ihrem Bewusstsein hinterlässt. Lassen Sie diese Zeit zu einem kleinen magischen Ritual für sich selbst werden, an dessen Wirkung Sie fest glauben.

Doch bevor wir in die Praxis einsteigen, ist es hilfreich, sich ein wenig näher mit den energetischen Grundkräften in uns zu befassen. Dies hilft zu erkennen, ob wir im Alltag lediglich einen Energieschub benötigen, oder ob es besser wäre, alle Aktivitäten von Körper und Geist herunterzufahren.

Abschalten oder Auftanken?

Das Bild eines Motors, der heißläuft, weil wir ihm keine Pausen gönnen, lässt sich gut mit unserem menschlichen Energiesystem vergleichen. Genau wie ein Motor regelmäßig Abkühlung und Wartung braucht, so benötigen auch wir Pausen, um von unseren Drehzahlen herunterzukommen und abzukühlen. Doch je heißer unser »Getriebe« läuft, desto schwerer erscheint es, einen Gang niedriger zu schalten: Je mehr wir zu dauerhafter Aktivität oder Hast neigen, desto eher laufen wir Gefahr, innerlich auszubrennen. Ist dann unser Tank irgendwann komplett leer, fühlen wir uns wie erschlagen und ausgelaugt. Dieses Ausbrennen entsteht durch übermäßige geistige und körperliche Aktivität, durch zu viel Beschleunigung, Antrieb und Bewegung, die sich selbst immer mehr verstärkt.

Dieses Heißlaufen fühlt sich zu Beginn durchaus sehr angenehm an: Man ist von vitaler Energie durchströmt, geniale Ideen und Inspirationen fallen einem zu. Man möchte am liebsten alles zur gleichen Zeit erledigen. In dieser ersten euphorischen Phase schafft man es tatsächlich, geistige und körperliche Höchstleistungen zu erbringen. Der Erfolg ist schon Motivation genug.

Immer zu kurz kommen dabei die Auszeiten zum Abschalten und Entspannen – vergleichbar einem See, dessen Oberfläche durch Wind und Wellengang ständig aufgewühlt ist. Doch die Wogen müssen sich ab und an auch einmal glätten. Ein stiller spiegelglatter

See ist in den fernöstlichen Philosophien der Inbegriff von Entspannung, die eintritt, wenn die Aktivität der Gedanken zur Ruhe kommt. Leider neigen wir jedoch dazu, unsere Kräfte und Reserven in Schaffensphasen zu überschätzen. Das heißt, wir gönnen uns keine Erholung, sondern beziehen uns auf die Ergebnisse des Vortages. Wir bemerken gar nicht, wie wir uns systematisch ausbrennen.

Die drei Grundenergien

Im Yoga und im Ayurveda gibt es ein sehr anschauliches Erklärungsmodell für das Wirken der Energien in uns. Ayurveda ist eine 5 000 Jahre alte Heilkunst aus Indien und bedeutet übersetzt »die Wissenschaft vom gesunden und langen Leben«. Yoga und Ayurveda sind ihrem Ursprung nach eng miteinander verbunden und betrachten den Menschen als Einheit von Körper, Geist und Seele.

Beide Systeme sind ganzheitliche Methoden, die aus der Beobachtung der Natur und den fünf Elementen (Erde, Feuer, Wasser, Luft, Raum) entstanden sind. Diese Prinzipien durchdringen das ganze Universum und somit auch uns Menschen. Das Modell der drei Grundeigenschaften der Natur – der Antrieb (Rajas, gesprochen: Radschas), die Trägheit und Stagnation (Tamas) sowie das Gleichgewicht (Sattva) – erläutert das Wirken der Energien in uns. Alle drei Energieformen sind zugleich im Menschen aktiv, und ihr Zusammenspiel können wir an uns selbst beobachten. Sind sie in uns ausgeglichen, geht es uns gut: Wir fühlen uns gelassen und ruhen in unserer Mitte. Wenn aber eine dieser Kräfte zu stark oder zu einseitig in uns wirkt, fühlen wir uns unausgeglichen. Das macht sich sowohl auf körperlicher als auch auf geistiger Ebene bemerkbar.

Rajas, der Antrieb

Ohne das Prinzip des Antriebs (Rajas) würde in der Natur und in unserem Leben nichts funktionieren. Alles würde stagnieren und zum Erliegen kommen. Das Prinzip des Antriebs ist das schöpferische Element: Es gestaltet, es formt, es will sich ausdrücken. Antrieb trägt die Energie des Feuers in sich, die Hitze, ungestümes Lodern. Antrieb bedeutet Bewegung, Dynamik, Schnelligkeit, Beschleunigung, Fortschritt. Das Prinzip des Antriebs wird benötigt, um Dinge in Gang zu setzen und sie anzukurbeln. Nicht umsonst spricht man bei Pflanzen von »Trieben«. Etwas treibt aus und reift dann zur Knospe. Dieses Austreiben ist die Energie des Antriebs. Außerordentliche Formen des Antriebs zeigen sich in der Natur durch Vulkanausbrüche, Lawinen, Hurrikans oder Tsunamis.

Ein Mensch mit einem gesunden Anteil an Rajas fühlt sich voller Tatendrang. Er ist aktiv, motiviert und lebhaft. Nimmt der Rajas-Einfluss jedoch überhand, verfällt dieser Mensch in Eile, Hektik und Hyperaktivität. Er muss ständig etwas tun, leisten und bewirken – häufig mit übertriebenem Ehrgeiz, oder auch dem Bestreben, andere zu dominieren. Von Rajas geprägte Menschen sind immer in nervöser Bewegung. Sie eilen von einer Sache zur anderen. Sie gehen die Treppen nicht hinauf, sondern nehmen gleich mehrere Stufen auf einmal. Sie wollen möglichst alles in kurzer Zeit erledigen.

Rajas zeigt sich auch in feuriger Leidenschaft, die sich in negativer Form in Wut und Aggression äußern kann. Extremes Rajas ist sehr unruhig. Entspannung wird häufig in der Aktivität gesucht und körperliche Erschöpfung tritt dann an die Stelle von echter Ruhe. Nahrungs- und Genussmittel wie Alkohol, Tabak, Koffein, Fleisch und scharfe Gewürze fördern Rajas. Da Rajas seiner Natur nach (wie auch sein Gegenteil, die Trägheit) dazu neigt, sich selbst zu verstärken, treibt sich diese Energie des Antriebs von allein auf die Spitze, wenn man ihr keinen Einhalt gebietet. Extrem ausgeprägtes Rajas kann in Verwirrung und Chaos enden. Und spätestens dann kippt der Energiepegel ins Gegenteil: Man ist ausgebrannt und leer. In diesem Fall spricht man dann von Burn-out. Unser heutiges Geschäftsleben ist in weiten Teilen sehr stark von der Energie des Antriebs geprägt.

Tamas, die Trägheit

Das Prinzip des Tamas ist das genaue Gegenteil des Antriebs: die Trägheit. Diese äußert sich beim Menschen nicht in Form einer entspannten gelassenen Ruhe, sondern in Lethargie und Stagnation. Während der Antrieb eine feurige, schnelle und leichte Energie in sich trägt, äußert sich die Trägheit in Form von Schwere, Dumpfheit, Phlegma, Mattigkeit und Gleichgültigkeit.

Auch in der Natur zeigen sich Phasen von Verlangsamung, Trägheit oder Stagnation: Im Herbst, wenn die Bäume die Blätter verlieren und im Winter, wenn der Boden unter einer Schnee- oder Eisdecke ruht. Diese Phasen des Ruhens sind für die Natur lebenswichtig. Ein Samen braucht die Dunkelheit, bevor er später zu keimen beginnt. Ein Feld, auf dem einige Jahre lang Getreide geerntet wurde, sollte als Acker einige Zeit brachliegen, damit der Boden wieder neue Nährstoffe entwickeln kann. Diese Form der Stagnation ist der Gegenpol des Antriebs und die Grundlage für alles Wirken und Wachsen. Nach der lebendigen Zeit des Sommers, den langen Tagen und den kurzen Nächten, kommt die besinnliche Zeit des Winters. Auf Tag folgt Nacht, auf Flut die Ebbe und auf Betriebsamkeit Ruhe.

Menschen, die einem sehr starken Tamas-Einfluss unterliegen, kommen nur schwer in Gang. Sie können sich nicht motivieren und sind gedanklich unklar. Emotional sind sie gedämpft und an

Zielen im Leben kaum interessiert. Dies kann sogar so weit führen, dass ein durch Trägheit geprägter Mensch sich und seine Umgebung stark vernachlässigt. Typische körperliche Anzeichen dafür sind ein ungepflegtes und schlampiges Äußeres sowie Interesselosigkeit und Ignoranz der Umwelt gegenüber. Meist ist es die Energie von Tamas, die Übergewicht, depressive Verstimmungen oder Antriebslosigkeit hervorruft. Alle Lebensmittel, die nicht frisch sind, wie Konserven, Fertigprodukte oder stark zerkochte Nahrung unterstützten den Zustand von Tamas.

Im Berufsleben kann sich Trägheit oder Lethargie durch sehr einseitige oder monotone Tätigkeiten entwickeln. Wer ständig dasselbe macht, nicht gefordert wird und sich in seinem Job langweilt, schaltet innerlich ab und entwickelt eine lethargische Grundhaltung. Neuerdings bezeichnet man dieses Phänomen auch als Bore-Out, was das Gegenteil von Burn-Out ist.

Interessant in diesem Zusammenhang ist, dass das Prinzip des Antriebs auf zweierlei Weise den Trägheitszustand beeinflussen kann. Zu viel Antrieb kann einen massiven Trägheitszustand nach sich ziehen, während Antrieb wiederum benötigt wird, um der Lethargie ein Ende zu setzen.

Wenn allein nur diese beiden Grundkräfte in uns wirken würden, hätten wir ein ziemlich anstrengendes und wahrscheinlich auch erbärmliches Leben. In einem fort wären wir zwischen zwei gegensätzlichen Kräften hin- und hergerissen. Doch zum Glück gibt es in der Natur noch eine weitere Energieform.

Sattva, das Gleichgewicht

Die Sattva-Energie trägt die Weite des Raumes in sich. Sie zeigt sich in der Klarheit der Gedanken und des geistigen Erlebens. Sattva ist sowohl Aktivität als auch Muße. Ruhige Lebendigkeit und lebendige Ruhe sind Zeichen von Sattva. Liebe, Hingabe, Glauben und Mitgefühl finden durch Sattva ihren Ausdruck. Menschen, die in sich selbst ruhen, die Zufriedenheit ausstrahlen, die offen sind für die Belange oder Nöte anderer, die mitfühlen und ein ausgeprägtes Gespür für die feineren Töne und Schwingungen haben, sind von der sattvischen Energie durchströmt. Sie strahlen eine ruhige Gelassenheit aus. Während der Antrieb mit einem reißenden Gebirgsbach verglichen werden kann, und die Trägheit mit einem modrigen Tümpel, lässt sich das Gleichgewicht am besten mit einem klaren, ruhigen See vergleichen. Frische Nahrung wie Obst, Gemüse und Vollwertprodukte unterstützen Sattva.

Auch die Sattva-Energie ist in jedem Menschen vorhanden. Sie ist nur sehr subtil und mitunter ein wenig verschüttet oder überdeckt von den anderen beiden Energien. Menschen, die sehr naturverbunden leben, kommen mit Svatta leichter in Berührung als die Bewohner einer Großstadt, in der Schnelligkeit, Lärm, Dynamik und Betriebsamkeit das Tagesgeschehen bestimmen.

Wir alle kennen Phasen des dynamischen Antriebs und der lethargischen Trägheit. Wir sind aber auch mit den Phasen der Ausgeglichenheit und des Gleichgewichts vertraut. Immer dann, wenn wir den Geschehnissen des Lebens offen und gelassen begegnen, wenn wir Vertrauen haben und Weitsicht entwickeln, sind wir mit uns und allem anderen im Einklang.

So bringen Sie die Energien in sich in Einklang

Dieses Buch möchte Sie darin unterstützen, den Zustand der Harmonie und des Gleichgewichts in stürmischen oder schwerfälligen Lebenslagen zu entwickeln und zu finden.

Fühlen wir uns antriebsarm, dann hilft ein wenig Dynamik. Sind wir erschöpft und überarbeitet, brauchen wir eine Auszeit. Und wenn beide Zustände ausgeglichen sind, kann sich auf dieser Grundlage eine dauerhafte Ruhe entwickeln. Je öfter Sie das zarte Pflänzchen der Klarheit und des inneren Weitwerdens gießen und pflegen, desto dauerhafter und stabiler werden die Phasen Ihres persönlichen Wohlbefindens sein.

Nutzen Sie Ihren Handlungsspielraum

Da in der Natur und im gesamten Universum nun einmal alles in Bewegung ist, verändern sich auch die energetischen Kräfte in uns ständig. Was heute ein Quell der Motivation ist, kann morgen schon das Gegenteil sein. Heute freuen wir uns vielleicht über die warmen Sonnenstrahlen, morgen klagen wir über die Hitze. Einmal sind wir dankbar dafür, dass unser Partner immer die Ruhe bewahrt und nie aus der Haut fährt, dann wieder werfen wir ihm vor, nicht temperamentvoll und spontan genug zu sein.

Unsere energetische Struktur wird durch sehr viele Faktoren bestimmt: die Jahreszeiten, die Wetterlage, unser Alter, unseren Lebensrhythmus und unsere Gesundheit. So können wir zum Beispiel geschwächt sein durch eine frische Operation, durch einen Infekt, durch PMS (prämenstruelles Syndrom) oder durch zu wenig Schlaf. Doch wir sind dem nicht ohnmächtig ausgeliefert. Auch unsere Gedanken und unsere Einstellung haben einen wesentlichen Einfluss darauf, wie wir uns fühlen. Auf der Handlungsebene haben wir weit mehr Spielraum, als wir uns mitunter eingestehen. Und genau diesen Spielraum zeigt Ihnen dieses Buch auf.

So finden Sie zu Beginn jeden Kapitels alltägliche stressgeladene oder anstrengende Situationen, die Sie sehr wahrscheinlich kennen und in dieser oder einer ähnlichen Form sicher auch schon erlebt haben. Anhand der Fallbeispiele wird dann erläutert, welche Formen der Regeneration hilfreich und wirkungsvoll sind.

Die richtige Übung zum richtigen Zeitpunkt

Beginnen Sie, sich zu beobachten. Wenn Sie sich abgekämpft und ausgelaugt fühlen, haben Sie höchstwahrscheinlich Ihre Kräfte überbeansprucht. In diesem Fall sollten Sie Übungen praktizieren, die Sie sanft zur Ruhe kommen lassen. Wenn Sie sich matt oder lethargisch fühlen, kann das ein Hinweis darauf sein, dass Sie zu lange oder zu einseitig einer bestimmten Tätigkeit nachgegangen sind. Hier wären Übungen nötig, die Sie beleben und Ihnen einen Energieschub geben. Sind Sie aber emotional geladen und innerlich aufgewühlt, ist es hilfreich, den Gefühlen einen Kanal zu geben und diese erst einmal auszuleben, bevor Sie körperlich und geistig zur Ruhe kommen und abschalten können.

Es ist nicht erforderlich, die Kapitel dieses Buches der Reihe nach zu lesen. Sie können einfach mittendrin einsteigen und mit den Programmen oder Übungen beginnen, die Ihrer momentanen Verfassung am meisten entsprechen. Hilfreich ist allerdings, wenn Sie sich zunächst das Kapitel über die Atmung durchlesen. Hier finden Sie eine Reihe von Atemtechniken. Für die meisten Übungen reicht es allerdings, die tiefe, vollständige Bauchatmung anzuwenden. Alle weiteren Praktiken können Sie sich dann im Laufe der Zeit in aller Ruhe und Muße aneignen.

Vierzehn nicht ganz ernst gemeinte, aber todsichere Tipps, wie Sie Stress erzeugen können:

1. Legen Sie alle Termine, auch Ihre privaten Verabredungen, immer so, dass sie kaum zu schaffen sind. Ein bedeutsamer Mensch ist grundsätzlich in Eile.
2. Tun Sie bei allen Problemen immer gleich so, als ob das Haus brennt. Dann kommen Sie in die richtige Stimmung.

3. Denken Sie positiv und sagen Sie nie Nein. Sie schaffen alles und noch heute.
4. Wenn Sie Sport treiben, dann lassen Sie es krachen. Sie müssen danach richtig ausgelaugt und kaputt sein. Zerrungen und Gelenkschmerzen sind Orden der Anerkennung. Spaß an der Bewegung haben nur Versager.
5. Führen Sie beim Mittagsessen in Ihrer Kantine unbedingt fachliche Gespräche mit Kollegen, die das auch brauchen. Gut ist, wenn Sie das Essen schnell herunterschlingen, damit mehr Zeit für die Gespräche bleibt.
6. Wenn niemand mit Ihnen beim Mittagessen Fachgespräche führen will, dann bleibt noch die zweite Variante: Sie essen am Arbeitsplatz und arbeiten dabei demonstrativ weiter.
7. Kümmern Sie sich um alles, was sich anbietet. Und machen Sie alles allein, den anderen kann man sowieso nichts zutrauen.
8. Machen Sie möglichst immer mindestens drei Dinge gleichzeitig. Also, telefonieren, dabei eine E-Mail schreiben und sich eine Zigarette anzünden.
9. Versuchen Sie möglichst alles sofort zu erledigen, schließlich hat der Tag 24 Stunden und es gibt kein Morgen.
10. Seien Sie immer besser als die anderen, egal in welchem Bereich. Wenn das nicht zu schaffen ist, dann stiften Sie zumindest Verwirrung durch Hektik.
11. Nehmen Sie sich grundsätzlich Arbeit mit nach Hause. Der Feierabend und ein Wochenende können sonst sehr lang werden.
12. Reden Sie mit Ihrem Lebenspartner abends oder im Urlaub möglichst nur über Ihren Beruf. Es gibt nichts Interessanteres.
13. Zwei Drittel Ihrer Freizeit und Ihres Urlaubs verwenden Sie grundsätzlich für berufliche Fortbildung. Nur nicht locker lassen.
14. Sitzen Sie nie ruhig und seien Sie nie still. Es gibt schließlich immer etwas, das noch erledigt werden muss und keinen Aufschub verträgt. Packen Sie's an!

Die Atmung: Der Schlüssel zur Lebenskraft

Leon steht mal wieder mit seinem Einkaufswagen in der Schlange vor der Supermarktkasse. Er hat es heute ganz besonders eilig. Dreimal hat er schon die Schlange gewechselt, und als er es dann endlich in die schnellste geschafft hat, gibt es vor ihm zwei Reklamationen und vier Bezahlungen mit EC-Karte. Er spürt, wie seine Ungeduld wächst, und als er endlich seine Einkäufe aufs Laufband stellen kann, versucht die neue Kassiererin vergeblich die Additionsrolle zu wechseln und muss den Filialleiter ausrufen lassen. Leon ist kurz davor auszurasten. Verzweifelt sagt er sich: »Bleib ganz ruhig...« Doch ohne Erfolg. Er wird immer genervter und äußert seinen Unmut durch demonstratives Augenverdrehen und resigniertes, ungeduldiges Ausatmen.

Atme erst einmal tief durch – was Sie über den Atem wissen sollten

Unser Atem begleitet uns das gesamte Leben. Seit dem Moment unserer Geburt kommen wir auf etwa 17 000 Atemzüge täglich, die meisten davon laufen unbewusst ab. Durchschnittlich fließen etwa 300 000 Kubikmeter Luft durch unsere Lunge. Der Atem versorgt unsere Muskeln, die Organe, das Gehirn und jede noch so kleine Zelle unseres Körpers mit Sauerstoff und leitet die verbrauchte Luft in Form von Kohlendioxid wieder aus.

Im Leistungssport ermöglichen die Kenntnisse über Atemzugvolumen, Atemfrequenz sowie den Sauerstoffgehalt des Blutes eindeutige Rückschlüsse auf die körperliche Verfassung eines Athleten. Dies ist auch für unseren Alltag von Bedeutung, denn das Ergebnis einer neuen US-Studie belegt, dass eine optimale Sauerstoffzufuhr nicht nur Balsam für die Seele und wichtig für die Kondition ist, sondern auch alten Gedankenmief vertreibt. Wer sein Hirn regelmäßig »lüftet«, fördert also nicht nur sein Denkvermögen und das Kurzzeitgedächtnis, sondern auch die geistige Flexibilität.

Gleichzeitig ist der Atem auch ein Spiegel unserer emotionalen Verfassung. Unsere Sprache liefert dafür viele Beispiele: »Halt mal die Luft an«, sagen wir zu jemandem, der sich überaktiv gebärdet. »Mir stockt der Atem«, »Da bleibt mir die Luft weg«, »mit atemloser Spannung« – so beschreiben wir Situationen, die uns überraschen oder in ihren Bann ziehen. »Atme erst einmal tief durch«, ist dann unser Ratschlag. Bezeichnen wir jemanden als »langatmig«, dann meinen wir damit eine Person, die nicht zur Sache kommt und sich verzettelt. Wenn jemand jedoch »einen langen Atem« hat, dann ist damit wiederum Ausdauer, Durchhaltevermögen und Standhaftigkeit gemeint.

In manchen Situationen scheint es so, als ob der Atem mit uns macht, was er will. Wir keuchen vor Erschöpfung oder werden vor lauter Nervosität kurzatmig: »Uns geht die Luft aus.« Mitunter sogar dann, wenn wir es am liebsten verbergen möchten. Oder wir müssen ständig gähnen, obwohl wir es vielleicht lieber aus Höflichkeit und Anstand unterdrücken würden.

Da der Atem so offensichtlich ein Ausdruck unserer Gemütslage ist, liegt die Frage nahe: Verändert sich unsere Verfassung, wenn wir unseren Atem verändern?

Das Tor zu unserem Bewusstsein

Die Yogis in Indien haben den Atem als Eingangspforte zu unserem Bewusstsein schon vor mehr als 3 500 Jahren erkannt. Sie entdeckten: Den Atem kontrollieren zu können bedeutet, das Leben kontrollieren zu können. Sie entwickelten ein System der Atemkontrolle, das auf Atembeobachtung und der gezielten Lenkung des Atems basiert, wobei eine Vielzahl von Atemtechniken entstanden, die ganz unterschiedliche Wirkungen haben. Hierbei handelt es sich um eine Erfahrungswissenschaft, die über viele Jahrhunderte entwickelt und praktiziert wurde und von den Yogameistern nur an sehr erfahrene Schüler weitergegeben wurde. Diese Techniken haben eine sehr tiefgreifende Wirkung auf die Psyche und erfordern daher ein hohes Maß an Körperkontrolle, Konzentration und innerer Reife.

Doch auch wir können uns im Alltag einfache Grundlagen dieser Techniken zunutze machen, um den Atem zu lenken. Dadurch können wir bestimmte mentale und emotionale Effekte erzielen. Neigen wir beispielsweise zu Kurzatmigkeit oder Überhitzung, so kann eine Atemtechnik, die den Atem verlängert und verlangsamt, uns helfen, ruhiger und gelassener zu werden. Wenn wir uns dagegen eher müde, verschlafen oder energielos fühlen, kann eine anregende Atemaktivität den nötigen Antrieb geben.

Im Sinne des Yoga wird dem Atem aber noch eine weitere wertvolle Qualität zugeschrieben. Die Yogalehre geht davon aus, dass wir mit jedem Atemzug unseren Körper nicht nur mit Sauerstoff, sondern auch mit *Prana* anreichern, mit kosmischer Lebensenergie, die ebenfalls in der Luft enthalten ist. Mit einer bewussten Atmung speichern wir größere Anteile dieser wertvollen Lebensenergie. Sie fließt durch unseren Körper über ein feines Netz von Energieleitbahnen, vergleichbar mit unserem Gefäßsystem. Sind diese Leitbahnen blockiert oder »verstopft«, fühlen wir uns müde und energielos, erschöpft oder sogar krank. Kann die Energie jedoch frei im Körper zirkulieren, sind wir lebendig, wach, klar und gesund. Da die fernöstliche Sichtweise der Energieleitbahnen wissenschaftlich nicht erforscht und belegt ist, mag Ihnen diese Theorie vielleicht ein wenig abenteuerlich oder esoterisch erscheinen. Doch das Wissen ist jahrhundertealt und egal, ob Sie daran glauben oder nicht – das Ausprobieren der Übungen lohnt sich!

Den Atem bewusst machen – grundlegende Atemtechniken

Bevor wir uns jedoch einzelne Aspekte der Energieleitbahnen näher ansehen und Techniken zu deren Stimulation erlernen, möchte ich Ihnen zunächst drei einfache Übungen ans Herz legen, die als Grundlage für alle weiterführenden Atem- und Körperübungen dienen. Da wir im Alltag eher unbewusst atmen, ist der erste Schritt, sich den Atem bewusst zu machen, um ihn dann in feinere Ebenen lenken zu können.

Entspannung für Körper und Geist – die tiefe, vollständige Bauchatmung

Diese Übung können Sie grundsätzlich im Sitzen, Liegen, Stehen oder auch Gehen ausführen. Um Ihr Gefühl für die Wirkung und die Ausführung dieser Atmung zu sensibilisieren, ist es sinnvoll, sie in Rückenlage zu erlernen.

Legen Sie sich mit dem Rücken auf eine nicht zu harte Matte oder Unterlage. Die Beine sind dabei etwas mehr als hüftbreit geöffnet, die Fußspit-

Die Atmung: Der Schlüssel zur Lebenskraft 33

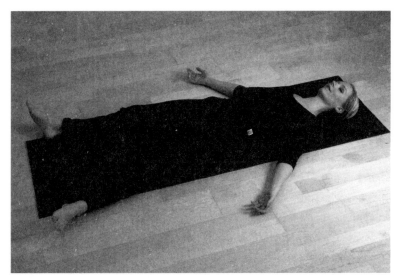

Abbildung 1: Üben Sie die tiefe, vollständige Bauchatmung zunächst in der Rückenlage

zen fallen locker nach außen. Die Arme liegen rechts und links neben dem Körper, die Handflächen zeigen noch oben. Die Wirbelsäule bildet eine gerade Linie, der Hinterkopf liegt entspannt auf. Nun schließen Sie die Augen und nehmen das Gewicht Ihres Körpers auf dem Boden wahr. Dann lenken Sie Ihre Aufmerksamkeit auf Ihren Atem. Beobachten Sie, wie er durch beide Nasenöffnungen in den Körper strömt. Mit jedem Einatmen lassen Sie ihn tief in den Bauch fließen. Legen Sie dabei Ihre Handflächen auf den Unterbauch und spüren Sie, wie sich die Bauchdecke bei jedem Einatmen sanft hebt und mit jedem Ausatmen senkt.

Nach einigen Atemzügen lenken Sie den Atemstrom vom Bauch in den Brustkorb bis unter die Schlüsselbeine. Einatmen: Die Bauchdecke hebt sich, der Brustkorb öffnet und weitet sich. Ausatmen: Die Bauchdecke und der Brustkorb senken sich. Das Ein- beziehungsweise Ausatmen sollte jeweils drei bis vier Sekunden dauern. Lassen Sie den Atem ganz weich und lang durch den Körper gleiten, wie eine lang gezogene Meereswoge. Blä-

hen Sie sich jedoch nicht wie ein Kugelfisch auf. Wenn der Atem weich in den Bauch fließt, geschieht alles Weitere ganz von allein.
Beobachten Sie dann die Atempausen. Zwischen jedem Ein- und Ausatmen gibt es eine kleine Pause. Atmen Sie erst dann ein oder aus, wenn der entsprechende Impuls vom Körper kommt. Durch die Übung werden diese Pausen automatisch länger. Machen Sie sich bewusst, dass Sie mit jedem Einatmen Ihren Körper mit Lebensenergie anreichern. Genießen Sie das Gefühl von Frische, Vitalität und des Auftankens. Mit jedem Ausatmen verbinden Sie die Gewissheit, alles Verbrauchte, Überflüssige und Vergangene loszulassen. Spüren Sie, wie Sie dabei immer tiefer, schwerer und entspannter in den Boden sinken. Genießen Sie das Gefühl der Weite und der Ausdehnung in der Phase des Einatmens und das Loslassen während der Phase des Ausatmens.

Anfangs sollten Sie sich für die tiefe Bauchatmung zehn Minuten Zeit nehmen. Wenn Sie diese Art der Atmung einige Male praktiziert und verinnerlicht haben, dann reicht allein schon die Konzentration darauf, um sie auf Ihr tägliches Leben und Erleben zu übertragen:

In der Schlange am Supermarkt

Kommen wir noch einmal auf die eingangs geschilderte Situation im Supermarkt mit Leon zurück, die wir mit Sicherheit alle schon durchlebt und durchlitten haben. Sie ist *die* Gelegenheit, um die vollständige tiefe Bauchatmung direkt in die Praxis umsetzen. Nutzen Sie diese Situation als Geschenk des Himmels.

Legen Sie beide Hände schulterbreit auf den Griff des Einkaufswagens und verlagern Sie Ihr Gewicht gleichmäßig auf beide Beine. Richten Sie Ihren Körper auf, und lassen Sie Ihren Atem tief in den Unterbauch fließen.
Konzentrieren Sie sich voll und ganz auf Ihren Atem, und verweilen Sie

im Moment. Atmen Sie lang und tief und machen Sie sich bewusst, dass Sie momentan absolut nichts tun können, um die äußeren Umstände zu verändern. Das Einzige, was Sie sehr wohl in der Hand haben, ist Ihre innere Einstellung, Ihr Mut zur Gelassenheit. Sie entscheiden, ob Sie zum Sklaven der Situation werden und durch Ihren wohlverdienten Feierabend hetzen oder ob Sie majestätisch gelassen mit der Situation umgehen und erhaben über Ihre eigene Ungeduld agieren.

Innere Kraft und geistige Ausdauer – der lange Atem

Wenn Sie die tiefe, vollständige Bauchatmung verinnerlicht haben, können Sie damit beginnen, Ihren Atem zu dehnen. In der Yogasprache wird diese Atemtechnik auch »Ujjayi-Atmung« (sprich: Udschai) genannt, was mit »die siegreiche Dehnung des inneren Atems« übersetzt wird. Dies ist eine äußerst kraftvolle Atemtechnik, die den Gedankenstrom beruhigt und die Energie fließen lässt. Schon der Volksmund sagt, wer »einen langen Atem hat« besitzt Durchhaltevermögen, Ausdauer und zugleich die nötige Ruhe, um einen kühlen Kopf zu bewahren. Langer Atem macht den Körper kühl. Mit einem langen Atem können wir schwierige oder nervtötende Situationen und Lebensphasen besser meistern und entspannter angehen. Viele Teilnehmer meiner Kurse haben mir im Laufe der Zeit berichtet, dass sie diese Atmung mittlerweile in vielen Alltagssituationen erfolgreich praktizieren.

Nehmen Sie eine aufrechte und entspannte Sitzhaltung ein, oder legen Sie sich entspannt auf eine Unterlage, und schließen Sie die Augen. Konzentrieren Sie sich einige Atemzüge lang auf die vollständige, tiefe Bauchatmung.

Wenn Sie spüren, dass Ihr Atem weich in Ihren Bauch fließt, richten Sie Ihre Aufmerksamkeit auf das Ausatmen. Stellen Sie sich vor, Sie hätten ei-

nen kleinen verengenden Trichter hinten in der Kehle, wodurch das Ausatmen verlangsamt wird. Dabei entsteht ein feiner dunkler Zischlaut, vergleichbar mit dem sanften, gleichmäßigen Rauschen des Meeres. Bei der Verengung ihrer Stimmritze entsteht der gleiche Effekt, als würden Sie einen Spiegel anhauchen. Probieren Sie es ruhig erst einige Male mit leicht geöffneten Lippen und lassen Sie dabei ein langgezogenes, leise gehauchtes »HHHhaaaaaa« entstehen.

Wenn Ihr Atem immer länger wird und Sie mit dem Zusammenziehen der Stimmritze vertraut sind, schließen Sie Ihre Lippen, und lassen Sie den Atem weich durch die Nase ausströmen. Lassen Sie den Atem entspannt fließen. Wenn es Ihnen gelingt, das Ausatmen mühelos zu verlängern, können Sie das auch auf das Einatmen übertragen. Unterstützend können Sie sich beim Einatmen der Luft ein langgezogenes »SSSaaaaaa« vorstellen.

Zu Beginn ist es hilfreich, den langen Atem ein wenig geräuschvoller anzustimmen. Im Laufe der Zeit werden Sie den Atem dann immer mehr verfeinern können.

Wenn Sie die bisher vorgestellten Atemübungen in Ruhe geübt und verinnerlicht haben, können Sie diese ohne Aufwand, und ohne Aufsehen zu erregen, immer und überall praktizieren. Ein Beispiel:

Der »lange Atem« im Büro

Sylvia hat heute im Büro die Möglichkeit, ihre Ideen und Vorschläge vor einer größeren Runde zu präsentieren. Sie ist aufgeregt und spürt, wie ihr vor lauter Herzklopfen die Brust eng wird.

Viele Menschen reagieren in solchen Situationen hektisch, versuchen sich abzulenken oder konzentrieren sich so sehr auf die bevorstehende Situation, dass sie innerlich völlig verkrampfen und nicht mehr klar denken können.

Sie können die jetzt eben geschilderte Übung in allen Situationen, die Ihnen innerlich Druck machen, anwenden, um Ihren Atem bewusst länger werden zu lassen.

Dem Atem Raum (oder Zeit) geben – Atem zählen

Das Zählen des Atems bringt Sie schnell wieder auf den Teppich, wenn Sie emotional geladen sind. Praktizieren Sie diese Methode, bevor Sie aus einer aufgewühlten inneren Verfassung heraus etwas Unüberlegtes machen oder sagen, das Sie später vielleicht bereuen. Man sagt nicht umsonst: »Zähle erst einmal bis drei.« Danach können Sie dann immer noch entscheiden, ob Sie Ihrem Chef wirklich die Meinung sagen wollen oder Ihre Wohnung kündigen.

Kommen Sie in eine bequeme aufrechte Sitzhaltung oder legen Sie sich entspannt auf eine Unterlage und schließen Sie die Augen. Atmen Sie lang und entspannt durch die Nase und achten Sie dabei auf den Fluss des Atems. Lassen Sie ihn tief in den Unterbauch fließen. Beginnen Sie nun von 28 bis 1 rückwärts zu zählen: »Ich atme ein, die Bauchdecke hebt sich. 28. Ich atme aus, die Bauchdecke senkt sich. 28.« »Ich atme ein, die Bauchdecke hebt sich. 27. Ich atme aus, die Bauchdecke senkt sich. 27.« ... Nehmen Sie aufmerksam wahr, wie Ihr Atem ruhiger wird. Falls Ihre Gedanken abschweifen, beginnen Sie wieder von vorn. Solange, bis Sie bei null angekommen sind. Wiederholen Sie diesen Zyklus so oft, bis Sie sich wieder geerdet fühlen.

Atemtechniken zum Stimulieren der Energien

In einer halben Stunde haben Sie Feierabend. Der Tag war wieder einmal sehr hektisch und anstrengend. Für gewöhnlich sind Sie immer erschöpft in Ihren Feierabend gegangen. Entspannung haben Sie vor dem Fernseher gesucht und nicht gefunden. Das können Sie jetzt ändern. Vielleicht sind Sie aber auch durch die Hektik des Tages so aufgedreht, dass Sie immer noch weiter hetzen, obwohl keinerlei Grund dazu besteht. Sie haben Feierabend, das Leben läuft Ihnen jetzt nicht mehr weg!

Die folgenden zwei Übungen können Sie gezielt anwenden, wenn Sie einen schnellen Energieschub brauchen oder sich einfach ein bisschen sammeln und entspannen möchten. Dazu benötigen Sie ein paar Minuten Zeit und eine ruhige Ecke, in der Sie nicht gestört werden.

Zum besseren Verständnis für die Wirkung dieser Übungen kommen wir noch einmal auf die eingangs in diesem Kapitel erwähnten Energieleitbahnen zurück. Im Yoga unterscheidet man drei Hauptleitbahnen, von denen zwei entlang der rechten und linken Nasenöffnung verlaufen. »Ida« auf der linken Seite und »Pingala« auf der rechten.

In Ida, der mondhaften Energieleitbahn, fließt kühlende und beruhigende Energie. Ida symbolisiert unseren femininen Aspekt und steht indirekt in Verbindung mit der rechten Gehirnhälfte. Diese steht für das Emotionale, das Subjektive, die Intuition, die übersinnliche Wahrnehmung, die Vorstellungskraft, das Entwickeln von Einsichten und Ideen, für die Fähigkeit, Dinge auf sich zukommen zu lassen, für unbewusste Gewohnheiten und für Entspannung.

In Pingala, der sonnenhaften Energieleitbahn, fließt wärmende und vitalisierende Energie. Pingala symbolisiert unseren maskulinen Aspekt und steht indirekt in Verbindung mit der linken Gehirnhälfte, die für das Rationale, das Objektive, für Urteilen und Logik, für Zeitgefühl, Schlussfolgerungen, das Erlernen neuer Dinge, die Beschäftigung mit Einzelheiten, das Argumentieren und die Anstrengung und Anspannung steht.

Bei den meisten Menschen dominiert einer der beiden Aspekte.

Grob verallgemeinert, sind wir entweder verstandesorientiert, also der Denker-Typ, oder emotional geprägt und eher der Träumer-Typ – unabhängig davon, ob wir männlichen oder weiblichen Geschlechts sind. Im beruflichen Alltag ist jedoch meist der rationale Aspekt vorherrschend. Umso wichtiger ist es daher, auch der emotionalen Seite Raum zu geben, da diese uns mit unserer Intuition, Kreativität und Wahrnehmung in Kontakt hält. Aus Sicht des Yoga – und auch die Gehirnforschung belegt dies – ist ein Mensch ausgeglichen und für alle Herausforderungen des Lebens gewappnet, wenn die rationale und emotionale Seite gleichermaßen stimuliert werden.

Bei den folgenden zwei Atemübungen kommt noch ein weiterer, sehr interessanter Aspekt hinzu. Sie können mit diesen Übungen direkt auf Ihre energetische Befindlichkeit einwirken. Einfach ausgedrückt: Wenn Sie sich müde, schlaff und ausgelaugt fühlen, dann

Abbildung 2 a: Vermeiden Sie diese ungünstige Sitzhaltung

Abbildung 2 b: Setzen Sie sich stattdessen aufrecht und stabil hin

praktizieren Sie einige Minuten lang die Sonnenatmung und aktivieren die anregende wärmende Energieleitbahn. Wenn Sie aber unruhig, aufgekratzt, hyperaktiv oder ruhelos sind, aktivieren Sie die beruhigende und kühlende Energieleitbahn.

Bevor Sie die folgenden Atemübungen machen, sorgen Sie dafür, dass Ihre Nasengänge frei sind. Nehmen Sie dann eine aufrechte und entspannte Sitzhaltung ein. Wenn Sie die Übung im Büro machen möchten, dann setzen Sie sich auf den Rand Ihres Stuhles, ohne sich mit dem Rücken anzulehnen. (Abb. 2a und 2b)

Dann die Wirbelsäule aufrichten, das Brustbein leicht anheben und die Schultern entspannt nach hinten und unten sinken lassen. Das Kinn leicht in Richtung Brustbein ziehen, damit der Nacken lang ist. Wenn Sie die Übung zu Hause machen, können Sie sich auch mit gekreuzten Beinen auf ein Meditationskissen setzen (Abb. 3).

Abbildung 3: Bei dieser Meditationshaltung sollten die Knie und Oberschenkel locker nach unten und außen fallen

Energie aktivieren – die Sonnenatmung

Ballen Sie die Finger der linken Hand bis auf den Daumen zu einer leichten Faust. Verschließen Sie mit dem linken Daumen die linke Nasenöffnung, am besten in der Mulde ganz leicht oberhalb des Nasenflügels. Achtung: Nicht zu fest zudrücken.

Dann schließen Sie die Augen und atmen langsam und gleichmäßig durch die rechte Nasenöffnung ein und wieder aus. Lassen Sie den Atem lang und fein werden und tief in den Bauch fließen. Vermeiden Sie dabei Reibelaute in der Nasenöffnung.

Nun stellen Sie sich vor, Sie atmen glitzerndes, goldenes und vitalisierendes Sonnenlicht ein. Spüren Sie dabei den Duft und den Geschmack des Sonnenlichts. Vielleicht gibt es auch einen Klang oder eine Melodie, die Sie mit der aktivierenden Energie der Sonne verbinden. Verinnerlichen Sie, dass die Energie, die Sie einatmen, wie unsichtbare Champagnerperlen in Ihren Körper getragen werden und ihre Wirkung sich ganz besonders in den Bereichen entfaltet, in denen Sie die Erfrischung am meisten benötigen.

Verbinden Sie diese Übung mit inneren Bildern, die Sie mit aktivierender Sonnenenergie assoziieren. Meist reichen schon drei bis fünf Minuten, um eine spürbare Wirkung dieser Atemtechnik zu erfahren. Vertrauen Sie dabei auf Ihr Gefühl, welche Zeitspanne für Sie angemessen ist.

Runterkommen und Abkühlen – die Mondatmung

Diese Übung wird genauso wie die Sonnenatmung ausgeführt, nur auf der anderen Nasenseite.

Verschließen Sie mit dem rechten Daumen die rechte Nasenöffnung, und atmen Sie durch die linke Nasenöffnung.

Stellen Sie sich nun vor, wie Sie entspannendes, kühlendes und beruhigendes Mondlicht ein- und wieder ausatmen. Sie können sich dabei eine klare, ruhige Vollmondnacht vorstellen.

Geben Sie dem Mondlicht in Ihrer Vorstellung eine silbrig schimmernde oder bläuliche Farbe. Atmen Sie die ruhige und kühlende Qualität des Mondes ein, und erspüren Sie diese mit jeder Zelle Ihres Körpers. Stellen

Sie sich vor, Sie baden im Mondlicht. Sie liegen in einer riesigen Muschel oder einem Füllhorn, und die Energie des Mondes fließt sanft in Sie hinein und verbindet Sie mit der Kraft Ihrer Intuition und Ihrer Emotionen.

Innere Balance finden – die Nasenwechselatmung

Bei dieser Atemtechnik werden Sonnen- und Mondatmung miteinander verbunden. Sie stellt den Ausgleich und die Verbindung zwischen anregender und beruhigender Energie in uns her. Sie werden sich wohlig belebt und zugleich angenehm gelassen fühlen. Die Wirkung dieser Übung hängt von der Regelmäßigkeit ab, mit der wir sie praktizieren. Ideal wäre es, wenn Sie die Übung immer morgens nach dem Aufstehen oder abends vor dem Schlafengehen praktizieren.

Nehmen Sie eine aufrechte und entspannte Sitzhaltung ein. Die linke Hand liegt dabei locker auf dem linken Oberschenkel. Zur Unterstützung der Konzentration legen Sie Daumen und Zeigefingerkuppen sanft aneinander, die Handfläche zeigt dabei noch oben.

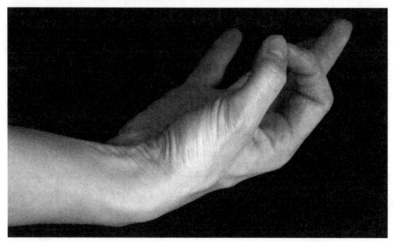

Abbildung 4: *Diese Finger- und Handstellung unterstützt Ihre Konzentration*

Die rechte Hand ist die »Arbeitshand«. Dazu klappen Sie Zeige- und Mittelfinger nach innen, sodass die Fingerkuppen die Handfläche berühren. Legen Sie nun den Daumen auf den rechten Nasenflügel und atmen links alle Restluft aus. Dann atmen Sie links wieder ein und verschließen mit dem Ringfinger die linke Nasenöffnung. Lösen Sie nun den Daumen und atmen Sie rechts wieder aus. Dann wieder rechts einatmen, mit dem Daumen verschließen, den Ringfinger lösen und links ausatmen. Also: rechts ein, verschließen, links aus, links ein, verschließen, rechts aus.

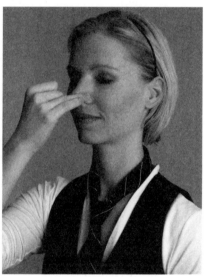

Abbildung 5 a: Handposition I – rechtes Nasenloch verschießen, links ausatmen

Abbildung 5 b: Handposition II – linkes Nasenloch verschließen, rechts ausatmen

Atmen Sie dabei lang und fein. Wenn Sie mit der Fingertechnik und der wechselseitigen Atmung vertraut sind, dann können Sie beginnen, den Atem zu zählen. Zählen Sie beim Ein- und Ausatmen jeweils bis vier. Sobald Sie einige Übung in dieser Technik haben, lassen Sie das Ausatmen länger werden. Sie können es dann auf sechs oder auf acht Zählzeiten verlängern, während Sie beim Einatmen weiterhin bis vier zählen.

Seien Sie dabei aber bitte nicht ehrgeizig. Es sollte kein Druck, Spannungsgefühl oder Atemnot in Ihnen entstehen. Fangen Sie mit kurzen Einheiten an, und steigern Sie sich dann allmählich.

Geistige Klarheit erlangen – die gedankliche Wechselatmung

Die gedankliche Wechselatmung ist die mentale Variante der Wechselatmung. Hierbei arbeiten Sie ausschließlich mit der Konzentration auf den Atemstrom in Ihren Nasenöffnungen. Diese Übung ist besonders geeignet für Situationen, in denen Sie sich zentrieren möchten. Sie stellt den Kontakt zu Ihrer inneren Mitte her und unterstützt Ihre Konzentration und gedankliche Klarheit. Diese Übung können Sie jederzeit im Sitzen durchführen, wenn Sie einige Minuten Zeit haben. Wenn Sie häufig mit dem Auto unterwegs sind, können Sie sie im Wagen auf dem Parkplatz (!) praktizieren. Aber auch im Flugzeug, in der Bahn, kurz, in allen Situationen, in denen es Ihnen möglich ist, einige Minuten lang die Augen zu schließen.

Nehmen Sie in eine bequeme aufrechte Sitzhaltung (oder legen Sie sich entspannt auf eine Unterlage), und schließen Sie die Augen.

Beobachten Sie, wie der Atem durch beide Nasenöffnungen einströmt und an der Nasenwurzel zusammenfließt und so ein gedankliches Dreieck bildet. Konzentrieren Sie sich einige Atemzüge lang auf den Atemstrom in beiden Nasenöffnungen und gleichzeitig auf die Nasenwurzel.

Stellen Sie sich dann vor, wie Sie abwechselnd durch die Nasenöffnungen atmen. Rechts ein (der Atem strömt entlang des Dreiecks auf der rechten Seite hoch zur Nasenwurzel), links aus (der Atem strömt entlang der linken Seite des Dreiecks nach unten), links ein, rechts aus ... Vielleicht nehmen Sie Unterschiede wahr. Bleiben Sie aufmerksam und konzentriert.

Wenn es Ihnen hilft, sich zu konzentrieren, dann können Sie Ihren Atem zusätzlich zählen. Eins: rechts einatmen – eins: links ausatmen; zwei: links einatmen – zwei: rechts ausatmen; bis Sie bei 28 angelangt sind. Dann zählen Sie wieder rückwärts bis eins. Bleiben Sie danach noch einen Moment still sitzen und konzentrieren sich wieder auf den Atemstrom durch beide Nasenöffnungen.

Nachdem Sie sich nun mit den unterschiedlichen Atemtechniken vertraut gemacht haben, können Sie zu den nächsten Kapiteln übergehen.

Hallo wach!
Knackfrisch in den Tag

Annika, eine 35-jährige PR-Managerin, arbeitet seit geraumer Zeit zwischen zehn und zwölf Stunden täglich. Sie ist eine sehr aktive Frau, und seit ihr Kollegen und Freunde nahegelegt haben, etwas für ihre Entspannung zu tun, praktiziert sie jeden Morgen ein Programm, das kürzlich in einem Hochglanzmagazin angepriesen wurde. Um sich auf den neuesten Stand zu bringen und auch ja keine kostbare Minute zu vergeuden, läuft während der Übungen das Frühstückprogramm im Fernsehen – und das Handy liegt immer griffbereit neben ihr. Während sie tapfer ihr Programm absolviert, geht sie in Gedanken schon ihr Tagespensum durch. »Irgendwie«, denkt sie, »bringt mir dieses Training am Morgen nichts. Jedenfalls kann ich bei mir keine positive Entwicklung feststellen. Vielleicht sollte ich das alles lieber vergessen und eine halbe Stunde länger schlafen!«

Vorbereitung

Für die Knackfrisch-in-den-Tag-Übungsprogramme brauchen Sie eine Gymnastikmatte sowie lockere Sport- oder Freizeitbekleidung, die Sie nicht einengt. Üben Sie am besten barfuß oder mit Socken, die eine rutschfeste Sohle haben.

Wenn es die Jahreszeit zulässt, dann absolvieren Sie die Programme am besten bei geöffnetem Fenster. Der Raum sollte aber auf jeden Fall frisch gelüftet sein. Eine Duftkerze, ein Räucherstäbchen oder ein Duftöl (Bergamotte oder Orange) kann dabei Ihre Empfindung von Frische unterstützen. Sie sollten die Übungen mit nüchternen Magen durchführen, am besten direkt nach dem Aufstehen. Ein Glas Wasser oder eine Tasse Kräutertee nach dem Aufstehen sind übrigens ideal, da diese Getränke den Stoffwechsel unterstützen und entgiftend wirken.

Sorgen Sie dafür, dass Sie nicht gestört werden, also Handy und Telefon ausstellen. Wenn Sie Kinder haben, können Sie die Programme auch mit ihnen gemeinsam machen. Kinder haben an diesen Übungen viel Spaß und entwickeln dabei viele Ideen. Am besten ist es jedoch, wenn Sie diese Zeit nur für sich allein nutzen können.

Die einzelnen Programme dauern etwa zehn bis 15 Minuten, je nachdem, wie viel Zeit Sie sich für die Übungen lassen. Bei einigen Übungen wird die Anzahl der Wiederholungen angegeben, dies ist ein Mittelwert. Vertrauen Sie bei der Dauer der einzelnen Übungen einfach Ihrem Gefühl. Sie können alle Übungen nacheinander als Gesamtprogramm praktizieren oder, falls Ihnen das zu lange dauert, auch nur einzelne Bausteine.

Beispiel 1: Sanft in Schwung kommen
- Stehen wie ein Fels in der Brandung
- Die Mitte spüren
- Die Katze
- Der gähnende Hund
- Sonnenenergie tanken

Beispiel 2: Aktiv in den Tag
- Indoor Walking
- Im Teich waten

- Trippeln wie ein Boxer
- Karate Kicks
- Das Pendel
- Der Baum
- Der schwebende Adler

Beispiel 3: Meditativ in den Tag

- Stehen wie ein Fels in der Brandung
- Die Mitte spüren
- Sonnenenergie tanken
- Der Baum

Zentrieren und Einstimmen

Die Art und Weise, wie wir unser Programm mental angehen, hat entscheidenden Einfluss auf seine Wirkung. Wenn wir die Übungen als reines Fitnesstraining betrachten, um einen beweglichen und straffen Körper zu bekommen, dann lassen wir ein großes Potenzial ungenutzt. Denn mithilfe des Übungsprogramms können wir nicht nur unsere körperliche Fitness stärken, sondern auch unsere mentale Verfassung. Das hilft uns, uns auf die nervlichen Anforderungen eines stressigen Tages vorzubereiten und einzustimmen. Die Übungsprogramme für den energievollen Start in den Tag sind neben den Beschreibungen auch mit vielen Metaphern und inneren Bildern versehen, die Sie den gesamten Tag begleiten können, wenn Sie sich intensiv damit aufladen. In herausfordernden Alltagssituationen reicht dann manchmal schon der Gedanke an die Übung, um die Eigenschaften in sich zu mobilisieren, die damit verbunden sind.

In allen fernöstlichen Disziplinen wie der Kampfkunst, dem Bogenschießen oder den meditativen Bewegungsformen sind die Konzentration und die innere Einstimmung auf das Vorhaben von großer Bedeutung. Dieses Einstimmen soll unser Bewusstsein zentrieren, indem wir unsere Gedanken, unsere Sinne, unsere Gefühle und unseren Körper ganz auf den Augenblick und auf den tieferen Sinn der jeweiligen Übung ausrichten. Ein gutes Beispiel dafür ist die folgende Übung »Stehen wie ein Fels in der Brandung«. Hier werden Sie aufgefordert, sich tatsächlich wie ein massiver Felsblock zu fühlen, zu spüren, wie sich die Brandung um Ihre Füße und Beine bricht, und zu visualisieren, wie Sie unerschütterlich stehen.

Stehen wie ein Fels in der Brandung

Das Bild des Felsens in der Brandung suggeriert gleichzeitig Standfestigkeit und Stabilität. Diese Standfestigkeit steht auch für unsere innere Stabilität und Ausgeglichenheit und versetzt uns in die Lage, den Stürmen des Lebens gelassen zu begegnen.

Stellen Sie sich aufrecht hin, wobei Ihre Füße hüftbreit stehen. Dann schließen Sie die Augen und bauen die Haltung von den Füßen bis zum Kopf wie folgt auf: Machen Sie alle Zehen lang, spreizen Sie diese wie kleine Fächer, und pressen Sie sie mit sanftem Druck gegen den Boden. Verlagern Sie Ihr Gewicht gleichmäßig auf die Fußballen, die Innen- und Außenseiten und die Fersen.

Dann lassen Sie Ihre Aufmerksamkeit langsam von den Füßen aufwärts wandern. Sie strecken Ihre Beine, richten die Wirbelsäule auf, ziehen Ihre Bauchmuskulatur ganz leicht nach innen sowie oben und heben das Brustbein leicht an. Lassen Sie Ihre Schultern nach hinten und unten sinken. Ihre Arme hängen locker herab. Strecken Sie den Hals, indem Sie sich auf den Nacken konzentrieren und den Kopf ein wenig nach vorn neigen. Stellen Sie sich dabei vor, auf Ihrem Kopf ruhe eine Krone. Sie stehen ganz aufrecht, wach und gleichzeitig entspannt.

Nun stellen Sie sich vor, Sie sind ein Fels in der Brandung. Spüren Sie die Stabilität, die Unerschütterlichkeit und die Stärke dieses Felsens. Vielleicht hören Sie die Brandung um Ihre Beine rauschen. Sie nehmen dabei den salzigen Geruch des Meeres wahr, spüren den Wind auf Ihrer Haut und erleben mit allen Sinnen die Qualität der Standhaftigkeit und des erhabenen Aufrichtens inmitten von Sturm und Brandung.

Bleiben Sie so lange in dieser Haltung, bis Sie dieses Bild vollständig in sich aufgesogen haben, öffnen Sie behutsam die Augen und gehen Sie dann über zur nächsten Übung.

Abbildung 6:
So stehen Sie wie ein Fels in der Brandung

Die Mitte spüren

Diese kleine Bewegungseinheit streckt Ihren ganzen Körper und verbindet Sie mit dem Gefühl, Ihre Grenzen zu erweitern. Zugleich erleben Sie dabei eine intensive Zentrierung Ihres Körpers und Ihres Geistes.

Nehmen Sie eine stabile Position ein und atmen Sie tief in den Unterbauch. Beim Einatmen heben Sie die Arme lang ausgestreckt über die Seiten nach oben, bis Ihre Handflächen sich berühren. Stellen Sie sich dabei vor, Sie dehnen sich in den unendlichen Himmel hinein.

Hallo wach! Knackfrisch in den Tag **51**

Abbildung 7 a:
Heben Sie Ihre Arme seitlich nach oben

Abbildung 7 b:
Genießen Sie das Strecken, und kosten Sie es intensiv aus

Beim Ausatmen führen Sie die Hände auf der Mittelachse Ihres Körpers wieder nach unten. Achten Sie auf das Gefühl der Zentrierung, die entsteht, wenn sich Ihre Hände entlang der Mittelachse Ihres Körpers nach unten bewegen. Sobald Sie mit dem Übungsablauf vertraut sind, können Sie die Augen schließen und die Bewegung von innen her wahrnehmen.

Abbildung 7 c:
Zentrieren Sie die Hände vor dem Brustkorb

In Schwung kommen

Nun erwärmen Sie Ihren Körper, um den Kreislauf zu aktivieren, und um sich auf die intensiveren Übungen vorzubereiten.

Indoor Walking

Gehen Sie auf der Stelle und rollen dabei Ihre Füße ganz bewusst ab. Beginnen Sie mit kleinen Schritten, indem Sie die Knie nur ganz leicht heben. Winkeln Sie dabei Ihre Arme an und bewegen diese wie beim Walken im Freien vor- und zurück. Variieren Sie dabei ein wenig das Tempo und die Intensität.

Im Teich waten

Ziehen Sie Ihre Knie beim Gehen möglichst hoch, so, als ob Sie langsam durch einen knietiefen Teich waten würden. Lassen Sie dabei das Standbein immer leicht gebeugt.

Stellen Sie sich vor, Sie stehen in einem Sumpf oder Morast und ziehen die Füße gegen einen großen Widerstand nach oben.

Trippeln wie ein Boxer

Trippeln Sie ganz schnell auf der Stelle, so als ob der Boden heiß wäre.

Ballen Sie dann Ihre Hände zu Fäusten, und tänzeln Sie wie ein Boxer vor dem Kampf auf der Stelle. Sie können sich dabei einen Punchingball vorstellen, den Sie mit den Händen und Armen bearbeiten.

Karate Kicks

Kicken Sie Ihre Beine im Wechsel nach vorn, wie man es in Karatefilmen sehen kann. Gehen Sie mit dem gesamten Körper in diese Bewegung, wobei Sie das Standbein jedoch immer gebeugt lassen.

Auf die sanfte Tour

Wenn Sie wie ich zu den Menschen gehören, die morgens eine gewisse Anlaufzeit brauchen, um wach zu werden, sollten Sie Ihr Übungsprogramm mit langsamen und geschmeidigen Bewegungen beginnen. Passen Sie diese Ihrem Gefühl von Tempo und Intensität entsprechend an.

Die Katze

Die Katze ist eine der besten Übungen, um die Wirbelsäule zu mobilisieren und dauerhaft flexibel und geschmeidig zu halten. Wenn Sie empfindliche Knie haben, legen Sie ein weiches Polster darunter.

Gehen Sie (auf der Matte) in den Vierfüßlerstand. Die Handgelenke stehen dabei in senkrechter Linie unter der Schultergelenken. Spreizen Sie Ihre Finger weit auseinander und achten Sie darauf, dass Ihr Gewicht gleichmäßig auf die Hände und alle zehn Finger verteilt ist. Die Knie befinden sich in senkrechter Linie unter den Hüftgelenken, die Füße und Knie sind hüftbreit geöffnet.

Die abwärtsschauende Katze: Machen Sie beim Ausatmen einen Katzenbuckel. Runden Sie den Rücken über seine gesamte Länge und Breite, vor allem im unteren Rücken, im Nackenbereich und zwischen den Schulterblättern.

Abbildung 8a: Die Katze mit rundem Rücken

Die aufwärts schauende Katze: Während Sie einatmen, führen Sie die gegenteilige Bewegung aus. Sie machen den Rücken hohl und lassen das Brustbein sinken. Heben Sie auch den Kopf leicht an, achten Sie jedoch darauf, dass der Nacken lang bleibt.

Abbildung 8 b: *Die Katze mit hohlem Rücken*

Nun wiederholen Sie beide Bewegungen im Wechsel und im Rhythmus Ihres Atems. Bewegen Sie sich dabei so weich und geschmeidig wie eine Katze. Stellen Sie sich die harmonischen Bewegungen einer Katze vor. Zur Unterstützung können Sie genüsslich dabei schnurren.

Der gähnende Hund

Der gähnende Hund hat eine sehr anregende Wirkung. Er streckt die gesamte Körperrückseite und fördert die Durchblutung des gesamten Körpers, von den Füßen bis zum Kopf. Anfangs wird diese

Haltung von vielen als eher anstrengend empfunden. Das liegt daran, dass wir in dieser Haltung Verkürzungen der Muskulatur intensiv ausgleichen. Zudem werden Arme und Schultern gekräftigt. Mit ein wenig Übung kann man aber sehr schnell Elastizität und Stabilität aufbauen, sodass die Haltung dann einen sehr entspannenden Charakter bekommt.

Nehmen Sie die Haltung der »Aufwärts schauenden Katze« ein, und atmen Sie dabei tief ein.

Mit dem Ausatmen heben Sie die Knie an und verlagern Ihr Körpergewicht nach hinten, wobei Sie die Arme lang strecken und die Hände kräftig in den Boden schieben. Ihre Sitzknochen zeigen wie zwei kleine Scheinwerfer noch oben zur Decke. Sie können die Knie dabei anfangs ruhig leicht gebeugt lassen.

Wiederholen Sie dies sechs bis acht Mal im Wechsel. Einatmen: »aufwärts schauende Katze«, ausatmen: »abwärts schauender Hund«. Dann bleiben Sie einige tiefe Atemzüge lang im »abwärts schauendem Hund«.

Abbildung 9: *Verharren Sie zum Schluss einige Atemzüge lang in der Position »abwärts schauender Hund«*

Diese Haltung ist einem gähnenden Hund nachempfunden, der sich genüsslich streckt. Genießen auch Sie das Dehnen und die Kraft, die dieser Haltung innewohnt.

Wenn Sie im Laufe der Zeit etwas Übung bekommen, können Sie in dieser Haltung die Füße im Wechsel abrollen, so wie ein Läufer an der Startbahn seine Beine aufwärmt. Achten Sie bei allen Bewegungen, auch in den Haltephasen, auf einen gleichmäßigen Atemstrom.

Bei vielen machen sich in dieser Übung anfangs die Handgelenke unangenehm bemerkbar. Das liegt daran, dass wir es nicht gewohnt sind, unsere Handgelenke zu belasten. Wenn Ihre Handgelenke nicht mehr zwicken, ist das ein untrügliches Zeichen dafür, dass sie nun gestärkt sind.

Sonnenenergie tanken

Diese Bewegungsabfolge ist eine Kurzvariante des Sonnengrußes, der im Yoga bei Sonnenaufgang praktiziert wird. Er hat eine anregende, belebende und erwärmende Wirkung auf Körper und Geist. Durch die meditativen fließenden Bewegungen werden Verspannungen auf sanfte Weise gelöst.

Abbildung 10 a:
Heben Sie die Arme seitlich gestreckt nach oben, sodass die Handflächen sich berühren

Stellen Sie sich aufrecht in die Position »Fels in der Brandung«. Beim Einatmen heben Sie die Arme, seitlich gestreckt nach oben bis die Handflächen aneinanderliegen (Abb. 10 a).
Beim Ausatmen führen Sie die Hände an der Mittelachse Ihres Körpers entlang nach unten und neigen den Oberkörper mit geradem Rücken vor, bis Ihr Scheitel zum Boden zeigt (Abb. 10 b).

Abbildung 10 b:
Beim Neigen des Oberkörpers können Sie die Knie leicht beugen

Abbildung 10 c:
Nehmen Sie die Position des »knienden Kriegers« ein

Beim folgenden Einatmen machen Sie mit dem rechten Bein einen Ausfallschritt nach hinten. Stellen Sie Ihr Knie auf den Boden und strecken Sie die Armen in Richtung Himmel (Abb. 10 c).

Beim nächsten Ausatmen schließen Sie die Füße wieder, der Scheitel zeigt zum Boden.
Beim anschließenden Einatmen kommen Sie mit geradem Rücken wieder in den aufrechten Stand, die Arme strecken Sie lang nach oben.

Nach dem abschließendem Ausatmen wiederholen Sie die Abfolge. Diesmal führen Sie das linke Bein nach hinten. Bei der Streckbewegung nach oben verbinden Sie sich mit der Kraft und der Energie der Sonne. Stellen Sie sich vor, Sie atmen Lebenskraft und Vitalität ein. Bei der Beugebewegung nach vorn atmen Sie alles Verbrauchte und alle überflüssige Spannungen aus. Wenn Sie diese kleine Abfolge etwa sieben Mal pro Seite gemacht haben, legen Sie Ihre Handflächen vor dem Brustkorb aneinander. Schließen Sie Ihre Augen und fühlen Sie in sich hinein (Abb. 10 d).

Abbildung 10 d:
Diese Handhaltung unterstützt Sie bei der inneren Zentrierung

Die innere Balance finden

Gleichgewichtshaltungen sind sehr kraftvolle Haltungen, da sie unsere gesamte Konzentration erfordern. Sie helfen, einen zerstreuten Geist zu sammeln und regen gleichzeitig das Gehirn an, da bei der Ausbalancierung des Körpers hohe Anforderungen an die Koordination gestellt werden. Äußere und innere Balance bedingen einander, und durch das Üben der Gleichgewichtshaltungen lernen wir, unsere Mitte zu finden. Sie sollten Ihr Übungsprogramm immer mit einer Gleichgewichtshaltung beenden, denn sie stimmt

Sie meditativ auf den Tag ein. Sie werden bei diesen Übungen an manchen Tagen vielleicht stark schwanken oder wackeln, an anderen weniger. Registrieren Sie dies gelassen als einen Teil Ihres Übungsweges.

Das Pendel

Diese Übung gehört zur Gattung der »Überkreuzbewegungen« die wir so oft wie möglich machen sollten, da sie die Koordinationsfähigkeit schulen, ausgleichend auf beide Gehirnhälften und damit auch auf unser äußeres und inneres Gleichgewicht wirken.

Verlagern Sie Ihr Gewicht auf das rechte Bein und schwingen Sie das linke, leicht anwinkelte Bein wie ein Pendel vor dem Körper von rechts nach links.

Stellen Sie sich dabei eine altmodische Standuhr mit einem großen schwingenden Pendel vor.

Die ausgestreckten Arme werden ebenfalls in einer Pendelbewegung geschwungen. Wenn das Schwungbein rechts ist, bewegen sich die Arme nach links.

Abbildung 11 a:
Pendelt das Schwungbein nach rechts, schwingen Sie die Arme nach links

**Abbildung 11 b:
Und umgekehrt...**

Anfangs erscheint diese Übung manchmal recht schwierig, da wir die Bewegung nicht nur koordinieren, sondern auch die Balance halten müssen. Fangen Sie deshalb langsam an, und steigern Sie dann die Intensität. Wechseln Sie bei der Übung zudem die Schwungbeine.

Der Baum

Der Baum ist eine Übung, welche die Verwurzelung mit der Erde, die Flexibilität des Wachsens und die Bewegung durch den Wind symbolisiert. Der Stamm des Baumes (Beine und Rumpf) steht für Stabilität, die Krone (Oberkörper und Arme) für Weite und Vielfalt.

Verlagern Sie Ihr Gewicht auf das rechte Bein und legen die Fußsohle des linken Fußes entweder an die Innenseite des rechten Oberschenkels oder an die Wade.

Legen Sie die Handflächen vor dem Brustbein aneinander, und richten Sie den ganzen Körper auf.

Abbildung 12:
Gehen Sie vollkommen in dem Gefühl eines stabilen Baumes auf, der sich sanft im Wind bewegt

Wenn Sie ein Gefühl der Leichtigkeit entwickelt haben, strecken Sie die Arme, welche die Äste des Baumes repräsentieren, lang nach oben aus und verharren so einige Atemzüge. Wenn sich auch hier ein Gefühl der Leichtigkeit einstellt, probieren Sie die folgende Variante:

Öffnen Sie die leicht gebeugten Arme zu beiden Seiten, mit der Vorstellung, diese bilden die Krone eines großen Baumes. Legen Sie dabei Daumen und Zeigefinger sanft aneinander, während die Handflächen nach oben zeigen (siehe Abbildung 4, Seite 42).

Beenden Sie diesen Teil der Übung, indem Sie beide Füße nebeneinander stellen und die Hände wieder vor dem Brustbein aneinanderlegen. Konzentrieren Sie sich einige Atemzüge lang auf das Gefühl in beiden Beinen, und wiederholen Sie die Übung dann auf dem linken Fuß.

Der schwebende Adler

Diese Haltung ähnelt dem »Baum«, stellt jedoch durch das gebeugte Standbein andere Anforderungen an Ihren Gleichgewichtssinn.

Verlagern Sie Ihr Gewicht auf das rechte Bein und winkeln Sie es stark an, so als ob Sie sich auf einen kleinen Hocker setzen wollten. Verlagern Sie dabei das Gewicht ganz auf die rechte Ferse. Den linken Unterschenkel legen Sie gleichzeitig auf dem rechten Oberschenkel ab, das Knie zeigt zur Seite.

Richten Sie den Rücken lang auf. Ihr Kopf ist jetzt der höchste Punkt, die Sitzknochen zeigen wie zwei Scheinwerfer diagonal nach unten.

Nun bilden Sie mit Ihren Armen »Adlerschwingen«: Breiten Sie dann die Arme auf Schulterhöhe gestreckt zu beiden Seiten aus, die Ellenbogen bleiben leicht gebeugt, Daumen und Zeigefinger berühren sich.

Abbildung 13: Stellen Sie sich vor, Sie sind ein Adler, der mühelos schwebt

Wahrscheinlich werden Sie die ersten Male Mühe haben, das Gleichgewicht zu halten. Und genau das ist der tiefere Sinn: Üben Sie sich in der Adlerperspektive, in dem Gefühl des mühelosen

Schwebens. Haben Sie Spaß daran, die Balance zu finden, und amüsieren Sie sich dabei über jedes Wackeln? Diese Übung ist eine Einladung an Sie, auch im täglichen Leben, wenn alles um Sie herum schwankt und instabil zu sein scheint, die Adlerperspektive einzunehmen. Verbinden Sie diese Haltung mit dem »Inneren Lächeln« (siehe Seite 93 f.).

Blitzstart in den Tag

Wenn Ihnen morgens einmal die Zeit für ein Bewegungsprogramm fehlt, dann können Sie sich durch sanfte Ausstreichungen oder durch Wechselduschen in Schwung bringen. Beide Varianten benötigen jeweils nur drei bis vier Minuten Zeit. Auch nach einer kurzen Nacht werden Sie so schnell erfrischt und wach sein.

Seidenhandschuhmassage

Die Seidenhandschuhmassage entstammt der uralten ayurvedischen Tradition Indiens. Hierbei handelt es sich um eine Trockenmassage zur natürlichen Stimulation des Bindegewebes, des Stoffwechsels und des Kreislaufs. Vor allem am Morgen wirkt die Seidenhandschuhmassage herrlich belebend und erfrischend. Sie fördert die Ausscheidung von Schlacken und Giftstoffen. Seidenhandschuhe bestehen aus unbehandelter Ahimsa-Seide. Sie bekommen Sie in Geschäften, die ayurvedische Produkte führen.

Nehmen Sie sich vor dem Duschen etwa drei bis vier Minuten Zeit. Massieren Sie mit kräftigen Bewegungen. Die langen Knochen der Arme und Beine werden mit lang gezogenen Bewegungen auf und ab massiert, die Gelenke mit kreisenden Bewegungen.

Da der Kopf bei der Trockenmassage ausgespart wird, beginnen Sie im Nacken und arbeiten sich von dort aus langsam über die Schulter zu den Armen und den Händen. Zur Erinnerung: Die Gelenke kreisend massieren, die Armknochen mit langen Strichen. Beginnen Sie auf der linken Seite.
Gehen Sie danach über den Kehlkopf zum Schlüsselbein, das Sie mit länglichen Bewegungen massieren.
Lassen Sie den Herzbereich aus und massieren Sie den Bauch mit lang gezogenen Strichen.
Nun folgt die Massage der Hüften und der Beine, erst die linke Seite dann die rechte. Auch hier werden die Gelenke kreisend und die Knochen mit lang gezogenen Bewegungen massiert.

Prickelfrisch durch Wasser

Um Ihr Morgenprogramm jetzt so richtig abzurunden, können Sie es unter der Dusche fortsetzen. Ein kleines Massageritual mit dem Duschstrahl durchblutet Ihre Muskulatur und regt den Kreislauf an. Sie werden sich danach prickelfrisch und wie neu geboren fühlen. Dabei arbeiten Sie im Wechsel mit warmem und kaltem Wasser. Kaltes Duschen härtet nicht nur ab, es kann den Körper sogar dazu bringen, Endorphine, Glückshormone, auszuschütten.

Duschen Sie, wie es Ihrer Gewohnheit entspricht. Die meisten Menschen bevorzugen einen angenehm warmen Duschstrahl.
Danach stellen Sie die Temperatur auf kalt. Beginnen Sie am rechten Fuß und führen Sie den Strahl an der Innenseite des Beines entlang nach oben, dann die Außenseite des Beines entlang nach oben über die Hüften hinauf, die rechte Schulter entlang den Arm abwärts und wieder hinauf. (Bauch, Leber- und Nierenbereich sind sehr empfindlich, deshalb diese nur ganz kurz mit dem Strahl streifen)
Nun wiederholen Sie die Prozedur auf der linken Seite. Ganz zum Schluss

ist der Kopf an der Reihe. Allerdings sollten der Nacken und die Region um die Halsschlagader niemals längere Zeit unterkühlt werden, deshalb auch diesen Bereich nur kurz dem kalten Strahl aussetzen.

Jetzt eine schnelle Wecheldusche mit warmem Wasser und danach mit kaltem Wasser. Wiederholen Sie die Übung insgesamt drei Mal. Schließen Sie Ihr Duschritual mit einem Kaltduschgang ab.

Ausgleichsübungen fürs Büro

Als die 37-jährige Sekretärin Stefanie an diesem Morgen ins Büro kommt, steht ihr Chef schon an ihrem Schreibtisch: »Ich brauche die aktuelle Statistik unbedingt bis heute Mittag zur Sitzung! Sie sind doch unsere Excel-Expertin. Hier sind schon mal meine handgeschriebenen Notizen.« Sie weiß, wenn sie das schaffen will, muss sie jetzt richtig ranklotzen. Eigentlich müsste sie dringend auf die Toilette, doch sie verschiebt es, bis der Ausdruck läuft. Auch die Frühstückspause muss sie heute ausfallen lassen. Sie schlingt nebenbei ein Brötchen hinunter, denn um 12.00 Uhr ist High Noon! Natürlich schafft sie es auch diesmal wieder. Doch sie fühlt sich schon jetzt wie gerädert: Ihr Nacken schmerzt, und ihr Rücken ist völlig verspannt.

Auf die Signale des Körpers achten

Langes und konzentriertes Arbeiten am Computer lässt uns mitunter die einfachsten menschlichen Bedürfnisse wie Essen, Trinken und zur Toilette gehen vergessen. Unter Stress und Zeitdruck neigen wir leider oft dazu, die Signale unseres Körpers einfach zu ignorieren oder sie schlichtweg nicht zu bemerken. Wir sind so in die Arbeit vertieft, dass wir Verspannungen und deren Folgeerscheinungen erst viel zu spät wahrnehmen. Hinzu kommt, dass wir uns am Schreibtisch oder am PC in einer ständigen Beugehaltung befinden. Die Muskulatur im oberen Rücken neigt dadurch zur Erschlaffung und die Brustmuskulatur zur Verkürzung. Wenn wir dann im Sitzen die Beine noch übereinandergelegt haben, wird die Beckenstellung und dadurch auch die Stellung unserer Wirbelsäule beeinträchtigt: Wir sitzen meist nicht nur gebeugt, sondern auch noch schief.

Die folgende Übungsreihe wirkt ausgleichend auf einseitige Sitzhaltungen am Schreibtisch. Die bewussten Streck- und Dehnungselemente öffnen Ihren Brustbereich, Sie bekommen wieder mehr Raum zum Atmen und somit auch mehr Energie. Zudem strecken Sie Ihre Wirbelsäule und mobilisieren den Schultergürtel. Ihre ganze Haltung wird dadurch aufrechter, entspannter und bewusster.

Für die Übungen benötigen Sie nur jeweils zwei bis vier Minuten. Sie können sie einzeln und unabhängig voneinander praktizieren oder als Serie.

Fitness für Arme, Hände und Finger

Damit Entspannungs- und Ausgleichübungen für den stressempfindlichen Schulter- und Nackenbereich ihre Wirkung optimal entfalten können, ist es sinnvoll, Hände, Finger und Unterarme in das Programm mit einzubeziehen. Denn unsere Hände und Finger werden den ganzen Tag über beansprucht. Sie greifen, geben, tasten, wischen, fühlen, drücken, ziehen, fassen und berühren. Besonders einseitige und dauerhafte Handbewegungen wie am PC können schnell zu Verspannungen in den Schultern führen, denn Finger, Hände, Arme, Schulter- und Nackenbereich sowie der gesamte Brustkorb sind über Muskelketten miteinander verbunden. In meinen Yogakursen beobachte ich immer wieder, dass viele

Menschen zwar ein sehr feines Gespür für das Befinden und die Position ihres Schultergürtels entwickelt haben, diese Körperwahrnehmung jedoch erstaunlicherweise bei den meisten unterhalb der Ellenbogen aufhört. So fällt es vielen Menschen schwer, die Finger zu spreizen, die Hand zu einer kräftigen Faust zu ballen oder die Hände in einer Liegestützposition zu belasten.

Wir pflegen unsere Hände und Finger, machen Ölkuren gegen raue Hände, betreiben ausgiebig Nagelpflege und schmücken unsere Finger mit Ringen. Doch selten bewegen wir unsere Hände bewusst.

Der Indische Tempeltanz zeigt auf eindrucksvolle Weise, wie akkurat, ausdrucksvoll und geschmeidig die Bewegungen unserer Hände sein können. Die Tänzerinnen drücken darüber ihre Gefühle und ihren seelischen Zustand aus. Dabei hat jede Handhaltung und jede Fingerstellung eine tiefere Bedeutung. Diese sogenannten Mudras sind symbolhafte Gesten, um gewisse Punkte entlang der Energieleitbahnen zu stimulieren, wodurch innere Haltungen oder Stimmungen verstärkt werden. Es gibt eine Vielzahl von Mudras, welche die Konzentration vertiefen, die innere Stabilität unterstützen oder den Energiefluss anregen. Einige davon werden Sie im Laufe dieser Übungsreihe kennen lernen. Doch bevor wir uns dem feineren Energiefluss zuwenden, werden wir einige Übungen zum Stärken und Dehnen für Hände und Arme ausführen, um die Muskelketten des Oberkörpers zu beleben und zu entspannen.

Die Hände durchkneten

Diese Übung ist besonders für Menschen geeignet, die viel am PC sitzen. Sie kräftigt und mobilisiert die Finger, Hände und Arme, welche durch das ständige Tippen und die Bedienung der PC-Maus nicht nur erschlaffen, sondern auch Verspannungen bis in den Schulter- und Nackenbereich auslösen können. Dauer der Übung: zwei bis drei Minuten.

Nehmen Sie in eine aufrechte Sitzhaltung ein und konzentrieren Sie sich auf Ihre Hände. Spreizen und strecken Sie die Finger weit auseinander, sodass ein kleines Tortenstückchen dazwischen passt. Dann ballen Sie die Hände zu einer kräftigen Faust, so als ob Sie kleine Schwämmchen ausdrücken wollten. Anschließend wieder die Finger spreizen und erneut zur Faust ballen.

Diese Übung umfasst insgesamt vier Einheiten zu je 32 Wiederholungen. Beginnen Sie langsam, und steigern Sie das Tempo allmählich. Stellen Sie sich dabei vor, Sie kneten mit den Händen einen Hefeteig. Achten Sie darauf, dass Sie die Finger weiterhin bei jeder Spreizbewegung zu strecken.

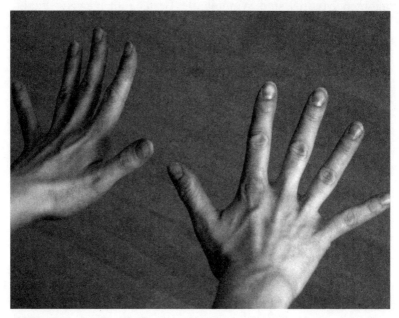

Abbildung 14 a: Spreizen Sie Ihre gestreckten Finger weit auseinander

Ausgleichsübungen fürs Büro | **71**

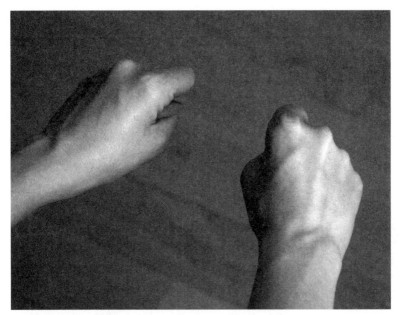

Abbildung 14 b: *Und ballen Sie die Hand anschließend zur Faust*

Spüren Sie, wie Ihre Finger allmählich lahm werden? Wenn ja, wunderbar! Machen Sie unbedingt weiter! Sie spüren, wie Ihre Unterarme langsam taub werden? Bestens! Überwinden Sie sich und kneten Sie so lange weiter, bis Sie das Gefühl haben, die Hände kaum noch bewegen zu können.

Zu Ihrer Beruhigung: In meinen Entspannungskursen hat nach dieser Übung noch nie jemand über Muskelkater oder sonstige Beschwerden geklagt. Ich gebe zu, die Übung ist hart, aber dafür unglaublich entspannend. Und wenn Sie ungefähr 128 Mal kräftig geknetet haben, dann folgt der angenehmere Teil.

Schütteln Sie nun Ihre Hände locker aus. Schließen Sie die Augen, und lassen Sie Ihre Arme am Körper herunterhängen. Sie werden wahrnehmen, wie wunderbar warm, schwer und entspannt diese auf einmal sind. Genießen Sie das Gefühl, wenn die Wärme Ihre Arme entlang wandert – und wie angenehm belebend sich der Energiefluss anfühlt.

Stretching für die Arme

Während bei der Übung »Hände durchkneten« die Muskulatur der Hände und Arme gekräftigt und belebt wurde, zielen die folgenden Übungen auf ein intensives Dehnen der Hände und Arme ab. Das unterstützt eine dauerhafte Entspannung und sorgt für eine ausgeglichene Körperhaltung. Dauer der Übung: zwei bis drei Minuten.

Armstrecken vor dem Brustbein

Abbildung 15 a:
Ihre Ellenbogen befinden sich bei dieser Übung auf Schulterhöhe, die Handflächen zeigen nach außen

Abbildung 15 b:
Strecken Sie nun die Arme nach vorn, und ziehen Sie sie anschließend wieder an den Körper heran

Heben Sie Ihre Ellenbogen seitlich etwa auf Schulterhöhe, und verschränken Sie Ihre ausgestreckten Finger ineinander. Die Handflächen zeigen dabei zum Brustbein. Dann drehen Sie die Handflächen nach außen (Abb. 15 a). Atmen Sie tief ein, und mit dem Ausatmen strecken Sie die Arme auf Schulterhöhe nach vorn (Abb. 15 b). Achten Sie darauf, die Schultern locker zu lassen und nicht mit nach vorn zu strecken. Beim nächsten Einatmen ziehen Sie die Hände wieder an den Körper heran und machen sie beim Ausatmen erneut lang. Dabei werden die Finger intensiv gedehnt.
Wenn Sie dies einige Male ausgeführt haben, halten Sie die ausgestreckten Arme fünf Atemzüge lang.

Armstrecken über den Kopf

Bei der folgenden Üung wird die Dehnung der Arme und Finger verstärkt.

Verschränken Sie Ihre Finger wie gerade beschrieben, und führen Sie die ausgestreckten Arme senkrecht zur Decke, die Handflächen zeigen dabei nach oben. Bei jedem Einatmen beugen Sie die Arme und lassen die Handrücken in Richtung Scheitel sinken. Bei jedem Ausatmen strecken Sie die Arme und schieben die Handflächen wieder zur Decke (Abb. 16 a und Abb. 16 b).
Halten Sie die Arme nach vier Wiederholungen gestreckt, und atmen Sie gleichmäßig weiter. Achten Sie darauf, dass die Schultern entspannt bleiben. Nach 30 Sekunden die Arme und Schultern sanft ausschütteln.

Probieren Sie diese Übung am besten einmal vor einem Spiegel. Anfangs ist es nämlich gar nicht so leicht, die Arme gestreckt zu halten und gleichzeitig den Schultergürtel sinken zu lassen. Sie sollten dabei Ihren Hals sehen können.

Abbildung 16 a:
Verschränken Sie wiederum die Finger und heben Sie Ihre Ellenbogen auf Kopfhöhe

Abbildung 16 b:
Dann strecken Sie die Arme senkrecht zur Decke, die Handflächen zeigen dabei nach oben

Kleine Fingerübungen mit großer Wirkung

Kommen wir nun zu den eingangs erwähnten Mudras, die auch Fingeryoga genannt werden. Hierfür können Sie prima die kleinen, oft unfreiwilligen Pausen des Alltags nutzen, etwa wenn Ihr PC wieder einmal abgestürzt ist oder Sie auf einen Rückruf warten. Anstatt sich über die »vergeudete« Zeit zu ärgern, können Sie sich nun kurz etwas Gutes tun.

Mudra zum Aktivieren des Gehirns

Diese Fingerübung werden Sie sicher kennen. Viele Menschen benutzen diese Handhaltung intuitiv, wenn sie eine Rede halten wollen oder um sich zu konzentrieren. Es ist wissenschaftlich erwiesen, dass sie das Zusammenwirken von rechter und linker Gehirnhälfte fördert und wird daher häufig im Gehirntraining eingesetzt.

Legen Sie die Fingerspitzen beider Hände ohne Druck aneinander, die Finger sind gestreckt und zeigen nach oben, die Daumen nach unten.

Führen Sie nun die Hände vor die Stirn und schließen Sie die Augen. Atmen Sie gleichmäßig aus und ein. Dabei richten Sie Ihre Aufmerksamkeit auf Ihr »drittes Auge«, den Punkt zwischen den Augenbrauen. Dieses Energiezentrum steht für Intuition und Intelligenz. Stellen Sie sich vor, Sie atmen durch das dritte Auge ein und wieder aus, etwa eine bis drei Minuten lang.

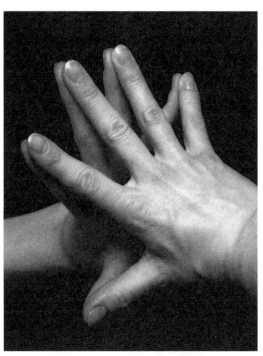

Abbildung 17:
Diese Mudra sorgt für geistige Frische und fördert das Erinnerungsvermögen

Wenn Ihnen diese Form am Arbeitsplatz zu auffällig ist, dann können Sie alternativ die Hände wie oben beschrieben auch in den Schoß legen.

Mudra für Antrieb und Kreativität

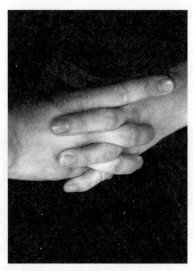

Abbildung 18: Diese Mudra sorgt für Energie und kreative Ideen

Legen Sie jeweils Daumen und Zeigefinger aneinander und verschränken Sie die anderen Finger. Die Zeigefinger zeigen nach oben, die Daumen nach unten.

Halten Sie dann die Hände vor den Solarplexus, der sich in Höhe des Magens befindet. Das Energiezentrum, welches in der fernöstlichen Sichtweise diesem Bereich entspricht, wird auch Feuerzentrum genannt. Es steht für Tatkraft und ist zugleich Empfänger und Rückkoppler für instinktive Wahrnehmungen.

Mudra zur inneren Sammlung

Die folgende Mudra ist eine klassische Handhaltung in der japanischen Tradition der Zen-Meditation. Sie unterstützt die innere Sammlung und hilft, den Fluss der Gedanken zur Ruhe zu bringen. Sie können diese Mudra für eine kleine meditative Pause mit geschlossenen Augen verwenden oder bei Meetings und Besprechungen, um sich zu zentrieren. Es wird niemandem auffallen, wenn Sie Ihre Hände wie unten beschrieben »ganz zufällig« in den Schoß legen.

Nehmen Sie eine aufrechte Sitzhaltung ein, und legen Sie Ihre linke Hand in die rechte Hand. Die Handflächen zeigen dabei nach oben, die Daumen

Abbildung 19: Diese Mudra hilft Ihnen, sich zu sammeln und Ihre Gedanken zur Ruhe zu bringen

berühren sich leicht. Die Hände ruhen entspannt auf dem Schoß oder auf den Oberschenkeln.

Schließen Sie nun die Augen, setzen Sie ein inneres Lächeln (siehe Seite 93 f.) auf, und atmen Sie gleichmäßig in Ihren Unterbauch.

Den Brustkorb öffnen und das Herz weit machen

Diese einfachen Übungen für den Schultergürtel und den Brustkorb sollten Sie so oft wie möglich machen, denn sie wirken auf verschiedenen Ebenen: Das Öffnen des Brustkorbs unterstützt die Atmung, Sie nehmen mehr Sauerstoff auf und fühlen sich frisch. Durch das Aufrichten der Wirbelsäule verbessert sich Ihre Haltung, und das wiederum hebt Ihre Stimmung.

Die Übung gliedert sich in drei Phasen, die Sie aber auch unabhängig voneinander ausführen können. Dauer der Übung: drei bis vier Minuten.

Schulterkreise

Lassen Sie die Arme schwer nach unten hängen, und konzentrieren Sie sich auf den Schultergürtel. Mit jedem Einatmen heben Sie beide Schultern bis zu den Ohrläppchen an und lassen sie mit jedem Ausatmen weich nach hinten unten sinken. Wenn Sie diese kreisende Bewegung mit dem gedehnten Atem (siehe Seite 35 f.) verbinden, bringen Sie Ruhe und Weichheit in die Bewegung. Richten Sie dabei Ihre Wirbelsäule auf, und heben Sie das Brustbein ein wenig an. Stellen Sie sich vor, eine kleine Sonne befinde sich in der Mitte ihres Brustkorbs, die mit jedem Rückwärtskreisen der Schultern größer wird und stärker strahlt. Nach sechs bis acht langsamen Wiederholungen schütteln Sie Ihre Arme und Schultern sanft aus.

Ellenbogenkreise

Abbildung 20 a: Heben Sie die Ellenbogen beim Einatmen nach vorn und nach oben

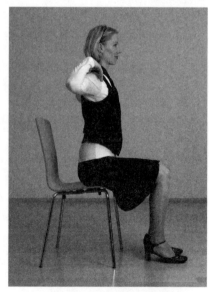
Abbildung 20 b: Beim Ausatmen kreisen Sie weit nach hinten

Legen Sie Ihre Fingerspitzen auf Ihre Schultern. Nun kreisen Sie mit den Unterarmen und malen dabei mit den Ellenbogen große Kreise in die Luft. Beim Einatmen heben Sie die Ellenbogen nach vorn und nach oben, beim Ausatmen kreisen Sie weit nach hinten (Abb. 20 a und Abb. 20 b. Verbinden Sie auch diese Übung mit dem gedehnten Atem (siehe Seite 35 f.) und genießen Sie die die Weite, die dabei im Brustraum entsteht.

Armkreise

Bei dieser Übung erweitern Sie die eben beschriebene Bewegung, indem Sie Ihre Arme lang ausstrecken. Beim Einatmen heben Sie die gestreckten Arme nach vorn und in Richtung Decke. Dann drehen Sie die Handflächen nach außen und beschreiben beim Ausatmen einen weiten Kreis nach hinten (Abb. 21 a). Stellen Sie sich dabei vor, Sie befinden sich in einer großen

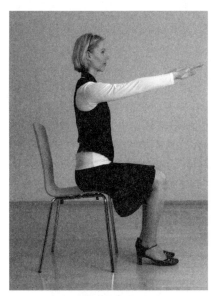

Abbildung 21 a: Heben Sie die gestreckten Arme und beschreiben Sie einen weiten Kreis nach hinten

Abbildung 21 b: Wenn sich die Dehnung am intensivsten anfühlt, strecken Sie die Arme so lang Sie können

Seifenblase und streichen sanft mit den Fingerspitzen an der Innenseite der Seifenblase entlang. Kurz oberhalb der Schultern kommen Sie an einen Punkt, an dem sich die Dehnung sehr intensiv anfühlt. Gehen Sie ganz langsam über diesen Punkt hinaus und strecken dabei beide Arme und Fingerspitzen so lang Sie können. Ziehen Sie gleichzeitig die Bauchdecke nach innen und oben, damit Ihr Rücken stabil bleibt (Abb. 21 b). Nach sechs bis acht Wiederholungen schütteln Sie die Arme und Schultern sanft aus.

Entspannung für Hals und Nacken

Auch diese einfachen Übungen können Sie bequem im Sitzen am Schreibtisch ausführen. Durch die meditative Drehbewegung des Kopfes wird die Nackenmuskulatur gedehnt und gelockert, was einen sehr ausgleichenden und entspannenden Effekt hat. Dauer der Übung: drei bis vier Minuten.

Kopfdrehen

Nehmen Sie für diese Übung eine aufrechte Sitzhaltung ein, ohne sich anzulehnen. Die Füße stellen Sie fest auf den Boden. Ihre Hände ruhen mit nach oben gerichteten Handflächen auf den Oberschenkeln, wobei sich Daumen und Zeigefinger jeder Hand leicht berühren, sodass sie einen kleinen Kreis bilden (Mudra zur inneren Sammlung, Seite 76 f.).

Richten Sie nun die Wirbelsäule auf, und senken Sie den Kopf ganz leicht, wodurch der Nacken lang wird. Drehen Sie dann den Kopf erst nach rechts bis zur natürlichen Bewegungsgrenze und anschließend nach links. Führen Sie die Bewegung im Zeitlupentempo aus, und atmen Sie dabei ruhig und gelassen in den Bauch. Ihre Augen sind wie bei einer Buddha-Statue halb geschlossen: Ihr Blick ist gleichzeitig nach außen und nach innen gerichtet.

Wenn Sie diese Drehbewegung einige Male langsam ausgeführt haben und fühlen, dass sich Ihr Bewegungsradius erweitert, dann halten Sie erst auf der rechten Seite inne und lassen den Blick ganz nach rechts wandern. Gehen Sie ganz vorsichtig in diese Dehnung hinein. Jede Form von Unwohlsein im Nacken sollten Sie dabei unbedingt vermeiden. Dann wiederholen Sie die Übung auf der linken Seite, und lassen Sie dabei den Blick ebenfalls weit nach links wandern.

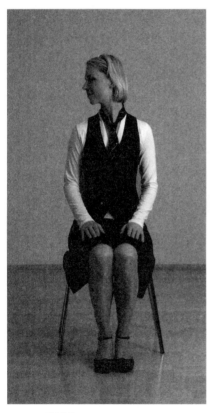

Abbildung 22 a:
Drehen Sie den Kopf langsam so weit es geht nach rechts, und lassen Sie Ihren Blick ebenfalls nach rechts wandern

Abbildung 22 b:
Anschließend drehen Sie den Kopf ganz nach links

Dehnen des Nackens

*Abbildung 23:
Lassen Sie den Kopf entspannt nach vorn sinken, und dehnen Sie so sanft den Nacken*

Nachdem Sie den Kopf wieder in die gerade beschriebene Ausgangsposition gebracht haben, lösen Sie Ihre Hände und legen die Fingerkuppen sanft auf den Hinterkopf. Schließen Sie nun die Augen, und lassen Sie Ihren Kopf entspannt nach vorn sinken. Üben Sie nur einen ganz leichten Druck mit den Fingern gegen den Kopf aus, und lassen Sie ihn beim Ausatmen immer tiefer sinken. Die Wirbelsäule bleibt dabei aufrecht, nur der Nacken wird sanft gedehnt.

In jeder Situation aufrecht und entspannt

Die meisten degenerativen Erkrankungen der Wirbelsäule entstehen durch andauernde und einseitige Körperhaltungen, meist im Sitzen. Nutzen Sie deshalb jede Gelegenheit, die sich Ihnen in Ihrem Alltag bietet, um sich zu recken, zu strecken und den Rücken aufzurichten.

Die Office-Katze

Die Office-Katze macht Ihre Wirbelsäule in allen Abschnitten geschmeidiger, beweglicher und kräftiger. Durch diese Mobilisation wird der Gelenkknorpel an den Wirbelkörpern durchfeuchtet und »geschmiert«, was den Stoffwechsel in den Bandscheiben anregt und sie elastisch hält. Dauer der Übung: bis zu zwei Minuten.

Setzen Sie sich auf den äußersten Rand der Sitzfläche Ihres Stuhles. Stellen Sie beide Füße stabil auf den Boden, die Knie und Beine sind dabei deutlich mehr als hüftbreit geöffnet. Stützen Sie sich nun mit den Händen auf den Oberschenkeln ab, wobei die Ellenbogen nach außen zeigen. Dann atmen Sie aus und machen einen Katzenbuckel. Ziehen Sie die Bauchdecke kräftig nach innen und kippen Sie dabei das Becken nach vorn, sodass der untere Rücken rund wird. Neigen Sie Ihren Kopf nach vorn, und lassen Sie Ihr Kinn in Richtung Brustbein sinken bis Ihr Rücken völlig rund ist.

*Abbildung 24 a:
Machen Sie beim Ausatmen einen schönen runden Katzenbuckel*

Beim nächsten Einatmen schieben Sie das Brustbein nach vorn, heben den Kopf leicht an und strecken den Rücken lang. Gleichzeitig kippen Sie das

Becken nach hinten und machen dabei den Rücken hohl. Führen Sie beide Bewegungen mehrere Male im Wechsel aus.

Nach einigen Wiederholungen heben Sie bei der Streckbewegung unterstützend jeweils einen Arm. Wiederholen Sie auch dies mehrmals im Wechsel, erst mit dem rechten und dann mit dem linken Arm.

Abbildung 24 b:
Strecken Sie anschließend den Rücken, und machen Sie ihn leicht hohl

Abbildung 24 c:
Nehmen Sie nach einigen Wiederholungen den Arm zur Unterstützung

Gehen Sie ganz bewusst an Ihre Bewegungsgrenzen, aber vermeiden Sie ruckartige oder hastige Bewegungen. Denken Sie an die Geschmeidigkeit einer Katze und führen Sie die Übung mit deren Elastizität aus.

Der Office-Halbmond

Bei dieser Übung geht es um die seitliche Streckung des Oberkörpers. Dabei werden die Zwischenrippenmuskeln und die seitliche Rumpfmuskulatur intensiv gedehnt. Die Übung wirkt ausgleichend bei einseitigen Sitzhaltungen und hat einen belebenden Effekt. Dauer der Übung: etwa zwei Minuten.

Setzen Sie sich ganz auf den Rand der Sitzfläche Ihres Stuhles und stellen Sie beide Füße fest auf den Boden. Nun legen Sie die linke Hand an die rechte Hüfte. Richten Sie die Wirbelsäule auf. Beim Einatmen heben Sie

Abbildung 25 a:
Heben Sie Ihren rechten Arm beim Einatmen senkrecht nach oben

Abbildung 25 b:
Und ziehen Sie ihn beim Ausatmen weiter nach links oben

Ihren rechten Arm senkrecht nach oben und ziehen ihn beim Ausatmen weiter nach links oben (Abb. 25 a und 25 b). Dadurch neigt sich der Oberkörper ein wenig nach links. Drücken Sie dabei Ihre rechte Gesäßhälfte fest gegen den Stuhl. Lenken Sie bei jedem Ausatmen Ihre Aufmerksamkeit von den Fingerspitzen der rechten Hand bis zu Ihrer rechten Hüfte, und vergrößern Sie mit jedem Atemzug den Abstand zwischen Hand und Hüfte etwas. Halten Sie diese Position einige Atemzüge lang. Dann wiederholen Sie die Übung mit der anderen Seite.

Der Office-Drehsitz

Das seitliche Rotieren in dieser Übung ist dem Drehsitz des Yoga nachempfunden. Es hält den Körper elastisch und flexibel. Diese Flexibilität wirkt sich auch auf unsere geistige Aktivität aus, denn es wird eine Vielzahl von Nerven stimuliert, die vom Rücken zum Gehirn aufsteigen. Die tiefe Bauchatmung in dieser Position bewirkt eine Massage der inneren Organe und fördert die Durchblutung im gesamten Bauchraum. Dies hat wiederum eine anregende Wirkung auf die Verdauung und den Stoffwechsel. Dauer der Übung: drei bis vier Minuten.

Abbildung 26 a:
Setzen Sie sich seitlich auf einen Stuhl, und umfassen Sie die Lehne von beiden Seiten

Setzen Sie sich seitlich auf einen Stuhl, sodass sich die Rückenlehne an Ihrer rechten Seite befindet. Stellen Sie beide Füße stabil auf den Boden, und drücken Sie Ihr Gesäß fest auf den Stuhl. Umfassen Sie mit den Händen von beiden Seiten die Lehne (Abb. 26 a).

Dann richten Sie die Wirbelsäule beim Einatmen auf und drehen den Oberkörper beim Ausatmen weit nach rechts. Wenden Sie auch den Kopf nach rechts, ebenso den Blick. Die Wirbelsäule ist nun über ihre gesamte Länge spiralförmig gedreht. Unterstützen Sie die Rotation durch den Druck Ihrer rechten Hand gegen die Lehne. Strecken Sie den Rücken dabei so lang wie möglich (Abb. 26 b). Stellen Sie sich vor, Sie wachsen und werden immer länger. Verstärken Sie die Rotation sanft mit jedem Ausatmen.

Abbildung 26 b:
Drehen Sie Oberkörper und Kopf nach rechts, und strecken Sie den Rücken dabei so lang wie möglich

Um die Wirkung der Übung noch zu intensivieren, schließen Sie die Augen und atmen in Ihrer Vorstellung nur über die rechte Nasenöffnung ein. Dabei bringen Sie aktivierende Energie in Ihren Körper.

Halten Sie diese Stellung ein bis zwei Minuten und wechseln Sie dann die Seite. Auf der linken Seite stellen Sie sich vor, wie Sie beruhigende und kühlende Energie durch das linke Nasenloch einatmen.

Diese Übung bewirkt, dass sie sich sowohl äußerst belebt als auch angenehm gelassen fühlen.

Die Office-Tischhaltung

Das ständige Sitzen im Büro begünstigt das Erschlaffen und Verkürzen der Hüftbeugermuskeln. Auch die Gesäßmuskulatur wird dabei nur wenig beansprucht, sozusagen plattgesessen. Diese Übung wirkt ausgleichend auf die Hüften sowie kräftigend auf das Gesäß und die Rückenmuskulatur. Sie benötigen dafür einen stabilen Stuhl, er darf keine Rollen haben. Dauer der Übung: etwa zwei Minuten.

Setzen Sie sich ganz nach vorn an den Rand des Stuhles. Stellen Sie Ihre Füße hüftbreit auf den Boden, Knie und Fußgelenke bilden dabei eine Linie. Stützen Sie nun die Hände rechts und links neben dem Gesäß auf der Sitzfläche ab. Dann strecken Sie Ihre Wirbelsäule und machen die Arme lang.

Abbildung 27a:
Stützen Sie sich mit den Händen auf der Sitzfläche ab, und strecken Sie Wirbelsäule und Arme

Heben Sie beim Einatmen das Becken vom Stuhl, bis Ihre Knie, die Hüften und die Schultern eine Linie bilden. Ihr Gewicht wird jetzt nur noch von den Armen und den Beinen getragen.

Spannen Sie nun Ihre Gesäßmuskeln bei jedem Ausatmen kräftig an, und lösen Sie die Spannung beim Einatmen, ohne dass das Becken dabei nach unten absinkt. Ziehen Sie Ihr Kinn leicht in Richtung Brustbein, damit Ihr Nacken gestreckt bleibt. Halten Sie die Position einige Atemzüge lang, und machen Sie dann eine kurze Pause. Wiederholen Sie das Ganze drei Mal.

Abbildung 27 b:
Heben Sie das Becken an, bis Ihre Knie, Hüften und Schultern eine Linie bilden

Das Gesicht: Spiegel der Befindlichkeit

Susanne, 28 Jahre alt, arbeitet im Service-Center einer Firma am Telefon, aber auch mit direktem Kontakt zum Kunden. Die Kunden sind in der Regel ungeduldig und aufgeregt. Bei Reklamationen ist Susanne als erste Anlaufstelle dem geballten Frust des Kunden ausgesetzt, der sich zunächst einmal Luft machen will. Ihre Aufgabe ist, den Kunden freundlich zu beraten und das Gespräch in sachliche Bahnen zu lenken. Doch so ein Tag kann lang werden, und schon am späten Vormittag ertappt sie sich dabei, wie sie vor lauter Anspannung die Kiefer aufeinanderpresst und die Augen zusammenkneift. Ein Blick in den Spiegel zeigt: Sie sieht genauso erschöpft und angestrengt aus, wie sie sich fühlt.

Ausdruck und Mimik

Der Ausdruck unseres Gesichts spiegelt neben unserer momentanen Stimmungslage meist auch unsere innere Grundhaltung wider. Diese Grundstimmung zeichnet sich mit zunehmendem Alter immer deutlicher in unserem Gesicht ab. Wenn wir häufig grübeln, angestrengt nachdenken, konzentriert arbeiten oder verbissen einer ungeliebten Tätigkeit nachgehen, zeigt sich das auch in unserer Mimik – auch wenn wir es oftmals gar nicht mehr bemerken. Zu viel Stress und Anspannung können sogar zu Schmerzen im Gesicht führen, da sich die Muskeln bei ständiger Kontraktion verspannen. So kann nächtliches Zähneknirschen Schmerzen in den Kiefergelenken auslösen. Eine dauerhaft angespannte Stirnpartie führt leicht zu Kopfschmerz.

Doch es gibt Abhilfe: Durch Kontraktions- und Gesichtsübungen können wir unsere Mimik nachhaltig verändern und beeinflussen. Das hat nicht nur Auswirkungen auf den Tonus, den Spannungszustand der Gesichtsmuskulatur. Wir können auch unsere Stimmung aufhellen und dem Stress somit ein Schnippchen schlagen.

Übungen für ein entspanntes und strahlendes Gesicht

Diese Übungen sind besonders empfehlenswert für Mitarbeiter im Callcenter und im Verkauf, für Telefonistinnen, bei der Auskunft, in der Reklamationsabteilung oder auch an der Rezeption. Denn diese Tätigkeiten erfordern ein ausgeglichenes Temperament und einen diplomatischen Umgang mit Menschen. Doch nach einigen Stunden bemerkt man häufig, wie sich das Gesicht verspannt und man Mühe hat, weiterhin höflich und freundlich zu bleiben. Aber auch bei anderen Tätigkeiten werden Ihnen diese Übungen eine große Hilfe sein, Ihre angespannte Mimik wieder zu entspannen und zu lockern.

Alle der folgenden Übungen können Sie innerhalb weniger Minuten durchführen. Wenn Sie sich allein in einem Raum befinden, können Sie völlig ungeniert loslegen. Arbeiten Sie mit Kollegen gemeinsam in einem Büro oder in einem Großraumbüro, könnten diese Übungen jedoch Erstaunen und Befremden auslösen. Bevor man Sie also verdächtigt, die Nächte durchzufeiern, weil Sie neuerdings am Schreibtisch ständig gähnen, sollten Sie Ihre Kollegen entsprechend informieren. Ähnlich verhält es sich mit der Übung »Der Löwe«. Vor dieser Übung sollten Sie unbedingt Ihr Umfeld aufklären, da man sich sonst bestimmt Gedanken über Ihren Geisteszustand macht. Vielleicht können Sie ja sogar Ihre Kollegen motivieren, die Übungen mit Ihnen gemeinsam zu machen. Sie werden erstaunt sein, wie viel Sie dabei lachen werden!

Das Gähnen

Gähnen entspannt das Kiefergelenk und die Kaumuskulatur. Es lockert zudem den Schläfenmuskel, der bei übermäßiger Anspannung Kopfschmerzen auslösen kann. Durch ausgiebiges Gähnen wird dem Körper auf die befreiendste, natürlichste und schnellste Art Sauerstoff zugeführt. Diese Methode regt darüber hinaus die Tränenproduktion an und erfrischt so müde oder chronisch trockene Augen.

Lehnen Sie sich bequem zurück, und öffnen Sie weit den Mund. Dann gähnen Sie mehrere Male tief, ausgiebig und genussvoll. Am besten verbinden Sie es mit einem entspannten »HHHaaarrr«-Laut aus der Kehle.

Der Löwe

Diese Übung besteht aus einem kurzen Anspannen und einem anschießendem Weiten und Dehnen der Gesichtsmuskulatur. Der Löwe hat eine ungemein befreiende und lockernde Wirkung auf alle Gesichtsmuskeln. Ganz besonders hilfreich ist die Übung nach unangenehmen Gesprächen oder Telefonaten.

Spannen Sie alle Muskeln Ihres Gesichts kurz und kräftig an. Machen Sie zuerst ein »zitroniges Gesicht«: Mit den Lippen formen Sie einen Kussmund, machen dazu eine spitze Nase und pressen die Augen fest zusammen. Halten Sie die Spannung, und zählen Sie bis drei.

Dann reißen Sie Mund, Augen und Nasenflügel ganz weit auf, strecken die Zunge so weit wie möglich heraus und atmen mit einem kräftigem »HHHHäääääääää« aus. Besonders befreiend wirkt diese Form, wenn Sie alle belastenden Gedanken und Emotionen dabei ausatmen.

Das innere Lächeln

Die beste Übung gegen hängende Mundwinkel: Schenken Sie sich selbst so oft es geht ein sanftes Lächeln! Ob mit geschlossenen oder geöffneten Augen, ob im Büro am Schreibtisch, bei der Hausarbeit, unter der Dusche oder beim Autofahren – schenken Sie sich so oft wie möglich selbst ein anerkennendes, wertschätzendes, zufriedenes, freundliches Lächeln. Probieren Sie es am besten jetzt sofort aus. Sie werden merken, wie schnell sich Ihre Gesichtszüge dadurch entspannen und sich Ihre Stimmung hebt. Selbst wenn Sie momentan eigentlich keinen Grund zum Lachen haben, dieses sanfte Lächeln wirkt immer positiv auf Ihre Stimmung. Es muss kein breites Grinsen oder Lachen sein, es reicht schon, wenn Sie Ihre Mundwinkel nur ganz leicht anheben – so wie es auf manchen Buddha-Abbildungen zu sehen ist. Um ein Gefühl dafür zu bekommen, probieren Sie einmal Folgendes aus:

Stellen Sie sich vor einen Spiegel, und denken Sie an eine Liebes-Schnulze. Wenn Sie einen Lippenstift zur Hand haben, malen Sie sich die Lippen am besten noch knallrot an. Und dann schenken Sie sich ein filmreifes Hollywood-Lächeln. Es darf ruhig ein übertriebenes, aufgesetztes Musical-Lächeln sein. Es macht überhaupt nichts, wenn es Ihnen gekünstelt vor-

kommt, übertreiben Sie ruhig. Wiederholen Sie das ein paar Mal. Sie können sich auch vorstellen, Sie wären der Hauptdarsteller einer Zahnpasta-Werbung.

Dann schließen Sie die Augen, entspannen den Mund und lockern die Kiefer, indem Sie eine imaginäre »Luftkugel« in den Mund nehmen und diese so hin und her bewegen, dass alle Bereiche der Wangen und Lippen von innen massiert werden. Beim Ausatmen der Luftkugel lassen Sie die Lippen leicht vibrieren.

Und nun beginnen Sie ganz sanft zu lächeln, fast nur die Andeutung eines Lächelns. Die Lippen können dabei geschlossen bleiben. Verinnerlichen Sie dieses Gefühl, und öffnen Sie dann wieder die Augen.

Die aufgehende Sonne

Die aufgehende Sonne ist eine Variante des eben beschriebenen »inneren Lächelns«.

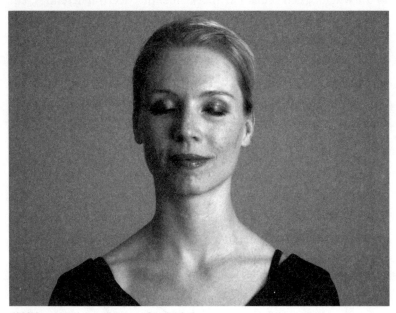

Abbildung 28 a: Aus einem sanften Lächeln ...

Das Gesicht: Spiegel der Befindlichkeit 95

Abbildung 28 b: ... wird ein Lächeln so breit und strahlend wie die Sonne, wenn sie über den Horizont steigt

Schließen Sie die Augen, und lockern Sie Ihre Kiefer. Denken Sie an einen ganz besonders schönen und eindrucksvollen Sonnenaufgang, und lassen Sie dieses Bild in allen Einzelheiten vor Ihrem inneren Auge entstehen. Mit den ersten Lichtstrahlen der aufgehenden Sonne beginnen Sie sanft zu lächeln.

Übungen für eine klare Sicht und einen frischen Blick

Unter den heutigen Lebens- und Arbeitsbedingungen bewegen wir unsere Augen weit weniger als in der freien Natur. Am Meer und im Gebirge können wir zudem in die Ferne schauen. Unser Blick wechselt dort ständig zwischen nahen und weit entfernten Bezugspunkten. Diese Impulse wirken anregend auf unsere Augen. In geschlossenen Räumen oder vor dem Bildschirm haben wir dagegen ständig einen verkürzten Blickwinkel, was zu angespannten Augenmuskeln führt. Zusätzlich beeinträchtigen künstliches Licht, die Arbeit am Bildschirm sowie das Fernsehen unsere Sehkraft. Da Bildschirmarbeit zudem eine hohe Konzentration erfordert, verleitet sie uns schnell zu gewohnheitsmäßigem »Starren«, ohne dass wir uns dessen bewusst sind. Augen, die viel »starren«, wirken meist abwesend, stumpf, verschleiert, unbewegt oder umnebelt.

Überforderte Augen führen fast immer zu einer Verspannung des gesamten Gesichts- und Nackenbereiches. Denken wir dabei auch noch angestrengt nach und legen die Stirn in die typischen »Denkerfalten«, lässt uns dies nicht nur älter, müde und angestrengt aussehen, wir fühlen uns auch so.

Die folgenden Augen- und Sehübungen trainieren die Augenmuskulatur und halten sie beweglich. Dabei regen sie auch die Augentätigkeit selbst an und geben dem Auge neue Impulse, andere Blickwinkel einzunehmen. Das ist besonders für Personen wichtig, die hauptsächlich am Bildschirm arbeiten, aber auch für Laboranten, die am Mikroskop sitzen, oder für Arbeitskräfte, die am Fließband vorbeiziehende Ware auf Fehler kontrollieren.

Schmetterlingsflügel

Diese Übung entspannt müde Augen und stärkt die Muskulatur, die das Oberlid hebt. Zudem fördert sie die Befeuchtung der Augen. Dauer der Übung: etwa zwei Minuten.

Nehmen Sie eine aufrechte und entspannte Sitzhaltung ein. Senken Sie die Augenlider und flattern Sie mit ihnen etwa zehn Sekunden lang, als wären sie kleine Schmetterlingsflügel.

Dann reißen Sie die Augen so weit wie möglich auf und zählen langsam bis fünf. Wichtig: Die Stirn bleibt dabei glatt, der Kiefer entspannt und der Atem fließt ruhig und gleichmäßig weiter. Wiederholen Sie diese Übung drei Mal.

Schließen Sie nun Ihre Augen, und reiben Sie die Handflächen kräftig aneinander bis sie warm werden. Legen Sie die leicht gewölbten Handflächen etwa eine halbe Minute lang auf die Augenhöhlen, ohne die Augenlider dabei zu berühren.

Yoga-Augenübung

Diese Abfolge von unterschiedlichen Augenbewegungen stärkt die Muskulatur rund um die Augenhöhlen, was die Durchblutung anregt und eine erfrischende Wirkung auf den gesamten Augenbereich hat. Ihre Augen werden wacher und der Blick ausdrucksvoller. Die gesamte Mimik wird lebendiger. Dauer der Übung: etwa acht Minuten.

Nehmen Sie eine aufrechte und entspannte Sitzhaltung ein. Lockern Sie Ihren Nacken- und Schulterbereich, indem Sie mit den Schultern vorsichtig nach hinten kreisen. Senken Sie dann das Kinn sanft in Richtung Brustbein, damit der Nacken lang wird, und entspannen Sie die Kiefer. Lassen Sie den Atem behutsam in den Bauch fließen. Blicken Sie locker geradeaus (neutrale Augenposition), ehe Sie sich der Hoch-Tief-Achse zuwenden.

Hoch-Tief-Achse: Schauen Sie so weit wie möglich nach oben (den Blick kurz halten, bis drei zählen) und vermeiden Sie, die Stirn dabei in Falten zu legen. Anschließend blicken Sie so weit wie möglich nach unten (Blick wieder kurz halten, bis drei zählen). Den Kopf halten Sie weiterhin still. Bewegen Sie die Augäpfel immer so weit wie möglich in die jeweilige Blickrichtung. Wiederholen Sie diese Übung fünf Mal, ehe Sie Ihre Augen schließen und für einige Atemzüge entspannen.

Rechts-Links-Achse: Schauen Sie so weit es geht nach rechts und dann so weit wie möglich nach links, ohne den Kopf dabei zu wenden. Wiederholen Sie auch diese Übung fünf Mal, und machen Sie anschließend eine kurze Entspannungspause.

Diagonale Bewegungsachsen: Blicken Sie fünf Mal von rechts oben nach links unten und nach einer kurzen Pause, fünf Mal von links oben nach rechts unten. Spüren Sie in den Pausen immer wieder mit geschlossenen Augen in den Bereich der Augenhöhlen. Sie werden sicher feststellen, wie angenehm durchblutet und belebt sich dieser Bereich jetzt anfühlt.

Augenkreisen: Stellen Sie sich den Sekundenzeiger einer großen Uhr vor und verfolgen ihn mit Ihrem Blick. Lassen Sie Ihren Blick fünf Mal im Uhrzeigersinn kreisen, danach fünf Mal in die Gegenrichtung.

Nach dem Kreisen schließen Sie Ihre Augen und reiben die Handflächen kräftig aneinander bis sie schön warm werden. Legen Sie nun die leicht gewölbten Handflächen etwa eine halbe Minute lang auf die Augenhöhlen, ohne die Augenlider zu berühren.

Sie können die Anzahl der Wiederholungen im Laufe der Zeit auf acht oder zehn Mal steigern. Strengen Sie sich dabei bitte nicht an. Es kann zu Beginn vorkommen, dass Sie vor lauter Konzentration auf die Augenbewegung den Atem anhalten oder den Nacken anspannen. Wenn Sie das bemerken, dann lösen Sie die Spannung und bleiben in Kontakt mit Ihrem Atem.

Eine liegende Acht malen

Diese Übung kräftigt und belebt die Muskulatur rund um die Augenhöhlen und synchronisiert die beiden Gehirnhälften durch die Überkreuzbewegung der Blickrichtung. So schaffen Sie einen Ausgleich zwischen rationaler und emotionaler Seite. Dauer der Übung: drei Minuten.

Stellen Sie sich eine riesengroße liegende Acht vor. Der Schnittpunkt der Acht befindet sich auf Höhe Ihrer Nasenwurzel. Dann folgen Sie mit Ihrem Blick den Ausbuchtungen der Acht. Lassen Sie diese in Ihrer Vorstellung immer größer werden.

Schließen Sie Ihre Augen, und reiben Sie dann die Handflächen kräftig aneinander bis sie warm werden. Legen Sie anschließend die leicht gewölbten Handflächen etwa eine halbe Minute lang auf die Augenhöhlen, ohne die Augenlider zu berühren.

Versuchen Sie, diese Augenübung so flüssig wie möglich durchzuführen. Halten Sie an keiner Stelle an, sondern bleiben Sie mit Ihren Augen ständig in Bewegung.

Den Blick weit machen

Diese Übung sollten Sie mehrmals täglich machen, möglichst einmal pro Stunde. Sie brauchen dafür nicht mehr als ein bis zwei Minuten. Sie wirkt ausgleichend, besonders wenn Sie überwiegend auf kurze Distanzen blicken, wie etwa am Bildschirm, an der Nähmaschine, an der Supermarktkasse oder in besonders kleinen Räumen. Auch bei längeren Autofahrten können Sie auf diese Art während der Pausen Ihren Blick wieder entspannen.

Finden Sie eine Stelle, von der aus Sie in die Ferne blicken können. Suchen Sie sich den entferntesten Punkt, wie beispielsweise einen Kirchturm oder ein großes Gebäude. Schauen Sie einige Atemzüge lang entspannt auf dieses Ziel. Suchen Sie sich nun Objekte, die auf halber Entfernung liegen, und betrachten Sie diese entspannt. Danach wechseln Sie mit Ihrem Blick wieder in die Ferne. Verändern Sie immer wieder Ihren Blickwinkel, pendeln Sie zwischen Mittel- und Fernbereich.

Den Blick schweifen lassen

Wenn Sie die Übung »Den Blick weit machen« einige Male praktiziert haben, können Sie dazu übergehen, Ihren Blick schweifen zu lassen. Das entspannt nicht nur Ihre Augen, es hat auch eine beruhigende Wirkung auf Ihre Gedanken.

Suchen Sie sich ein Gebäude oder einen Baum und »streicheln« Sie zunächst dessen Umrisse mit Ihrem Blick. Dann achten Sie mehr und mehr auf die Details, zum Beispiel auf die einzelnen Äste, die Blätter sowie auf deren Farben und Formen. Oder Sie blicken auf die einzelnen Stockwerke eines Gebäudes, das Mauerwerk und den Giebel. Lassen Sie Ihren Blick langsam und frei über das Objekt Ihrer Wahl schweifen, und registrieren Sie dabei die Einzelheiten. Wenn Sie dabei feststellen sollten, dass Sie die Augen zusammenkneifen und beginnen, angestrengt zu starren, dann verändern Sie den Blickwinkel.

Danach schließen Sie die Augen und lassen das Bild einige Atemzüge lang in sich nachwirken.

Sie können diese Übung überall durchführen. Wenn Sie in der U-Bahn sitzen, dann lassen Sie Ihren Blick langsam über die Schuhe oder Tasche Ihres Gegenübers oder auf den Rücken Ihres Vordermannes streifen. Registrieren Sie jedes noch so kleine Detail. Durch die Langsamkeit des Blickes fühlt sich niemand von Ihnen fixiert oder angestarrt, es hat vielmehr den Anschein, als würden Sie mit offenen Augen träumen.

Das Finger-Tor

Diese Übung ist eine Art Sehspiel. Sie macht Spaß, entspannt Ihre Augen und aktiviert die Sehnerven. Durch die ständige Veränderung der Blickweite werden beide Augen zu besserer Zusammenarbeit angeregt. Sie können diese Übung mehrmals täglich ausführen. Dauer der Übung: zwei bis drei Minuten.

Halten Sie Ihren ausgestreckten linken Zeigefinger in etwa 20 Zentimeter Abstand vor Ihre Nase, den rechten Zeigefinger in Armeslänge dahinter. Beide Zeigefinger befinden sich auf einer Linie.

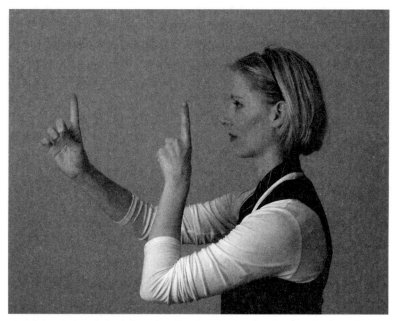

Abbildung 29: *Das Finger-Tor aktiviert Ihre Sehnerven und verbessert die Zusammenarbeit der Augen*

Nun fixieren Sie mit dem Blick den vorderen Finger, bis Sie den hinteren Finger doppelt sehen. Sie erblicken also drei Finger.

Fixieren Sie nun den hinteren Finger, bis Sie den vorderen Finger doppelt sehen. Wenn Sie diese Wechsel fünf bis sechs Mal wiederholt haben, schauen Sie an beiden Fingern vorbei in die Ferne, bis Sie vier Finger sehen.

Zum Abschluss schließen Sie Ihre Augen und reiben dann die Handflächen kräftig aneinander, bis sie schön warm werden. Legen Sie nun die leicht gewölbten Handflächen etwa eine halbe Minute lang auf die Augenhöhlen, ohne die Augenlider zu berühren, und genießen Sie die wohltuende Wärme.

Reinigungsübung für die Augen

Bei dieser Übung werden die Augen durch das Aktivieren der Tränenkanäle von innen her gereinigt. Dadurch wird der Blick strahlend und klar. Sie verbessert zudem die Sehkraft und schult die Konzentration. Die Wirkung ist beruhigend und gilt auch als Vorstufe zur Meditation. Dauer der Übung: zwischen fünf und 20 Minuten.

Stellen Sie eine brennende Kerze etwa eine Armlänge entfernt vor sich auf einen Tisch, und nehmen Sie in eine aufrechte und entspannte Sitzhaltung ein. Schließen Sie die Augen, und atmen Sie einige Male entspannt in den Bauch.

Dann öffnen Sie die Augen und schauen auf die Kerzenflamme ohne zu blinzeln – etwa eine bis drei Minuten lang. Ihre Augen beginnen zu tränen und werden über die Tränenkanäle gereinigt.

Schließen Sie die Augen und behalten Sie das Bild der Kerzenflamme vor Ihrem inneren Auge bei.

Anfangs mag die Übung unangenehm erscheinen, da wir es nicht gewohnt sind, die Augenlider für einen längeren Zeitraum so still zu halten. Beginnen Sie deshalb mit kurzen Einheiten von einer Minute. Wer mit dieser Technik vertraut ist, kann die Übung durchaus auf 20 bis 30 Minuten ausdehnen.

Sanfte Energiemassage für Gesicht und Kopf

Sanfte Ausstreichungen in Verbindung mit einer Druckpunktmassage bringen die Lebensenergie in verspannten Gesichtsmuskeln schnell wieder zum Fließen. Sie können diese einfachen Techniken mit den Gesichts- und Augenübungen verbinden. Dabei brauchen Sie sich nicht an eine festgelegte Reihenfolge zu halten. Hören Sie einfach auf Ihre Intuition. Sie werden schnell merken, welche Übungen, Griffe und Ausstreichungen Ihnen ganz besonders guttun.

Die Druckpunktmassage basiert auf der Akupressur, die als »Shiatsu« bekannt ist und aus Japan stammt. In der fernöstlichen Sichtweise durchzieht ein Netz von Meridianen oder Energiebahnen unseren Körper, die unsere Organe mit Lebensenergie versorgen. Durch das Drücken bestimmter Punkte auf diesen Leitbahnen können Energieblockaden gelöst und der Energiefluss kann wieder anreget werden.

Die Ausstreichungen haben eine befreiende Wirkung auf die Muskulatur und regen die Durchblutung an. Sie sollten immer mit warmen Händen massieren. Der ausgeübte Druck sollte sanft genug sein, um zu entspannen, jedoch deutlich spürbar sein, ohne Schmerzen zu verursachen.

Haare durchpflügen

Eine ungemein prickelnde und belebende Wirkung auf die Kopfhaut und damit auf den gesamten Kopf hat das »Haare durchpflügen«. Da Ihre Haare dabei ziemlich durchgewuschelt werden und eventuell Ihre Frisur zerstört wird, machen Sie das am besten abends zu Hause oder morgens direkt nach dem Aufwachen.

Formen Sie alle zehn Finger leicht zu Klauen. Dann legen Sie die Fingerkuppen an den Haaransatz, oben an der Stirn beginnend. Üben Sie mit den Fingerkuppen Druck auf die Kopfhaut aus, und durchpflügen Sie diese mit leicht kreisenden Bewegungen fächerförmig von der Stirn zum Hinterkopf. Dabei können Sie ruhig kräftig drücken.

Wiederholen Sie diesen Ablauf mehrmals, und arbeiten Sie sich dabei langsam von der Stirn seitlich zu den Ohren hinunter, immer von vorn nach hinten.

Wenn Sie bei den Ohren angekommen sind, fahren Sie fächerförmig mit den Fingerkuppen über den Nackenansatz den Hinterkopf hinauf.

Zum Abschluss umschließen Sie mit Ihren Fingern die Haare in großen Büscheln direkt an der Kopfhaut und ziehen sanft daran. Verfahren Sie so mit dem gesamten Schopf.

Wohltat für die Ohren

Eine Massage der Ohren und um die Ohren herum ist sehr wohltuend, da sich hier die Akupunkturpunkte für alle Körperteile befinden.

Spreizen Sie Mittel- und Zeigefinger, sodass ein V entsteht. Fahren Sie dann von den Ohrläppchen ausgehend, vor und hinter der Ohrmuschel auf und ab. Die Mittelfinger sind dabei vor dem Ohr, die Zeigefinger dahinter.

Abbildung 30 a:
Spreizen Sie Mittel- und Zeigefinger, sodass ein V-Griff entsteht

Abbildung 30 b:
Massieren Sie die Ohrmuschel mit Daumen und Zeigefinger

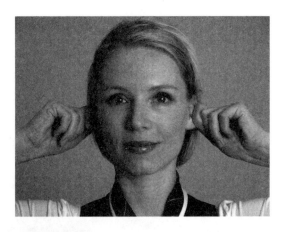

Danach massieren Sie die Ohren zwischen Daumen und Zeigefinger mit leicht kreisenden Bewegungen vom Ohrläppchen aus nach oben und wieder zurück.

Zum Schluss ziehen Sie die Ohren sanft nach außen.

Abbildung 30 c:
Der krönende Abschluss – sanftes Ohrenziehen

Belebende Augensequenz

Diese Druckpunktmassage ist besonders wohltuend in Verbindung mit den bereits beschriebenen Augenübungen (siehe Seite 95–102). Sie wirkt belebend und entspannend und darüber hinaus auch lindernd bei Kopfschmerzen, müden Augen und Nebenhöhlenbeschwerden.

Drücken Sie zehn bis 30 Sekunden lang die Punkte an den inneren Winkeln der Augenhöhlen, unter der Innenseite der Augenbrauen.

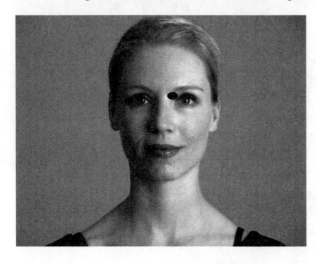

Abbildung 31a:
Stimulieren Sie zuerst die Druckpunkte, die an den inneren Winkeln der Augenhöhlen liegen

Nehmen Sie die Augenbrauen zwischen Daumen und Zeigefinger, und massieren Sie sie mit leicht kreisendem Druck von innen nach außen. Drücken Sie mit den Ringfingern die Punkte am äußeren Ende der Augenbrauen, außerhalb des knöchernen Randes, etwa 10 bis 30 Sekunden lang.

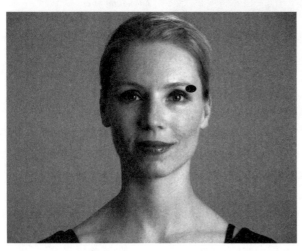

Abbildung 31b:
Dann üben Sie Druck auf die Punkte am äußeren Ende der Augenbrauen aus

Der nächste Druckpunkt liegt unter den Augen. Drücken Sie mit den Ringfingern auf den knöchernen Punkt, der sich in einer senkrechten Linie zur Augenbrauenmitte befindet.

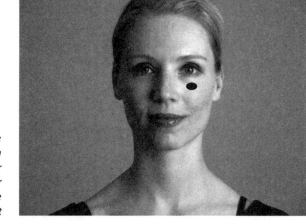

Abbildung 31 c:
Nun stimulieren Sie den Punkt, der sich senkrecht zur Augenbrauenmitte befindet

Gehen Sie dann weiter nach innen und legen die Daumen rechts und links an die Nasenwurzel. Üben Sie sanften Druck nach oben aus.

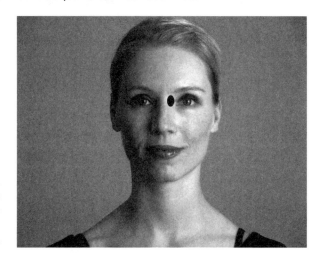

Abbildung 31 d:
Als Nächstes sind die Punkte rechts und links von der Nasenwurzel an der Reihe

Legen Sie die Fingerkuppe des Mittelfingers direkt zwischen die Augenbrauen, und massieren Sie diesen Punkt mit sanft kreisenden Bewegungen. Stellen Sie sich vor, an dieser Stelle befinde sich ein kleiner, runder Edelstein, der leuchtet und nach außen strahlt.

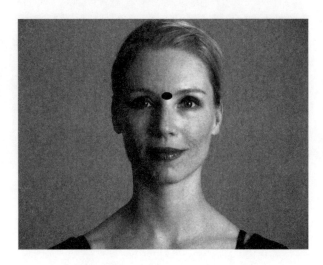

Abbildung 31 e:
Zum Abschluss massieren Sie den Druckpunkt zwischen den Augenbrauen mit sanft kreisenden Bewegungen

Gönnen Sie sich zwischen dem Stimulieren der einzelnen Druckpunkte jeweils einen Moment zum Nachspüren. Schließen Sie dabei die Augen und achten Sie auf den Energiefluss.

Zum Abschluss der Augensequenz reiben Sie Ihre Handflächen kräftig aneinander, bis eine angenehme Wärme entsteht, und bedecken Sie die geschlossenen Augen mit Ihren leicht gewölbten Händen.

Wärmende Stirnmassage

Diese Ausstreichungen wirken wärmend und entspannend auf die Stirnmuskeln. Sie verhindern Linien- und Fältchenbildung, steigern zudem die Konzentrationsfähigkeit und sind somit besonders für Personen geeignet, die dazu neigen, die Stirn in »Denkerfalten« zu legen.

Legen Sie die Fingerkuppen auf die Stirn, in einer Linie mit dem Augenbrauenrand, und fahren Sie dann mit leichten Zickzack-Bewegungen hoch zum Haaransatz und wieder hinunter.

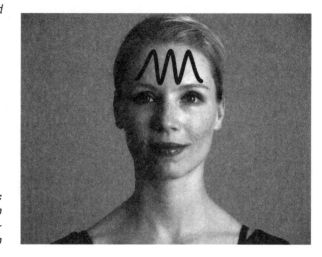

Abbildung 32 a:
Massieren Sie die Stirn mit leichten Zickzack-Bewegungen

Legen Sie nun beide Hände waagerecht auf die Stirn, sodass sich die Fingerspitzen auf der Stirnmitte leicht berühren. Drücken Sie sanft mit den Fingerkuppen, und ziehen Sie die Hände im Zeitlupentempo auseinander zu den Schläfen. Wiederholen Sie diesen Vorgang drei Mal.

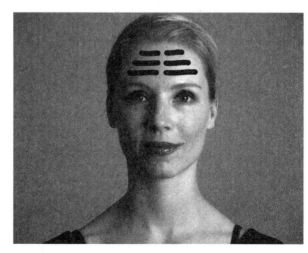

Abbildung 32 b:
Ziehen Sie die Fingerspitzen unter sanftem Druck nach außen bis zu den Schläfen

Beruhigende Schläfenmassage

Diese sanft kreisenden Bewegungen helfen bei Verspannungen im Kieferbereich und sind zudem eine unterstützende Maßnahme bei Spannungskopfschmerz. Die Massage wirkt auch sehr beruhigend bei Hyperaktivität.

Sie können das Zusammenspiel von Schläfenmuskeln und Unterkiefer leicht feststellen, indem Sie die Fingerkuppen sanft an die Schläfen legen. Pressen Sie nun einige Male die Zähne fest aufeinander. Sie werden sofort die Kontraktion der Muskulatur in den Schläfen wahrnehmen.

Lassen Sie deshalb während der Massage den Unterkiefer locker hängen, so dass Ihr Mund leicht geöffnet ist.

Gehen Sie mit den Fingerspitzen von den Augenbrauen nach außen zu den Schläfenpunkten. Sie können dort eine kleine Kuhle spüren. Kreisen Sie sanft mit den Fingerspitzen auf diesen Punkten von innen nach außen.

Abbildung 33 a: Kreisen Sie mit Ihren Fingerspitzen sanft über die Schläfenpunkte

Dann fahren Sie langsam mit den Fingerspitzen direkt unter den Wangenknochen entlang in Richtung Nasenflügel. Dabei üben Sie drei bis vier Sekunden lang einen sanften Druck aus.

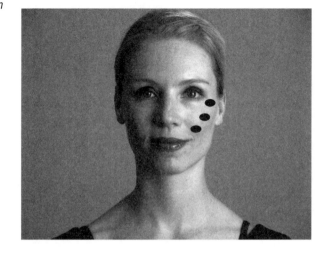

Abbildung 33 b:
Stimulieren Sie sanft die Druckpunkte entlang der Wangenknochen

Achten Sie während der Gesichtsmassage auf Ihre Körperhaltung. Entspannen Sie Hals-, Nacken- und Schulterbereich. Lockern Sie zwischendurch immer wieder Ihre Hände, Arme und Schultern. Lassen Sie auch Ihren Atem bewusst und gleichmäßig fließen. Je entspannter Sie atmen, desto mehr entspannen sich auch Ihr Gesicht und Ihr Ausdruck.

Entspannung für Nase und Mund

Die Nasen- und Mundsequenz hilft bei Verstopfungen der Nase und der Nebenhöhlen. Sie löst auch emotionale Spannung um den Mund herum und kann eine überaus beruhigende Wirkung haben.

Legen Sie die Ringfingerkuppen in die Vertiefungen am äußeren Punkt neben den Nasenflügeln. Dabei drücken Sie sanft nach außen.

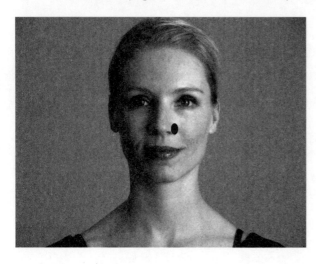

Abbildung 34 a:
Stimulieren Sie mit sanftem, nach außen gerichtetem Druck die Punkte neben den Nasenflügeln

Wandern Sie dann die Linie entlang der »Lachfalte«, bis Sie bei den äußeren Mundwinkeln ankommen.

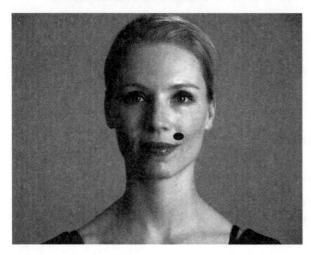

Abbildung 34 b:
Wandern Sie mit Ihren Findern entlang der Lachfalte hinab zu den Mundwinkeln

Nun drücken Sie die Punkte neben den Mundwinkeln sanft nach oben.

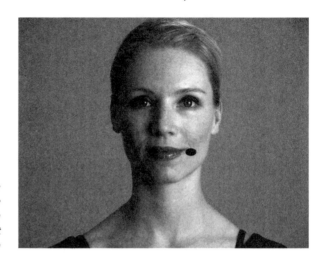

Abbildung 34 c:
Drücken Sie die
Punkte neben den
Mundwinkeln sanft
nach oben

Anschließend drücken Sie das »Oberlippengrübchen« in der Mitte zwischen Nase und Oberlippe.

Abbildung 34 d:
Im Anschluss
daran stimulieren
Sie das Oberlippengrübchen

Zum Abschluss drücken Sie schließlich den Punkt in der kleinen Vertiefung unterhalb Ihrer Unterlippe.

Abbildung 34 e:
Der Punkt in der kleinen Vertiefung unterhalb der Unterlippe ist der letzte Druckpunkt dieser Übung

Lockerungsübung für Hals und Nacken

Hals und Nacken sind die Verbindung zwischen Rumpf und Kopf. Die ganzheitliche Sichtweise geht davon aus, dass Kopf und Körper besser harmonieren, wenn Hals und Nacken locker und gelöst sind.

Legen Sie Ihre Fingerkuppen von oben in den Nacken, leicht oberhalb des Haaransatzes, in die kleinen Kuhlen unterhalb des Schädelknochens rechts und links neben der Wirbelsäule. Massieren Sie diese Punkte kreisförmig. Dabei können Sie ruhig kräftigen Druck ausüben.

Fahren Sie dann in die Kuhle direkt an den Punkt, wo Wirbelsäule und Schädelknochen ineinander übergehen, und massieren Sie diesen mit einer sanften Auf- und Abbewegung.

Im Anschluss daran massieren Sie die Muskelstränge rechts und links neben der Halswirbelsäule mit den Fingerkuppen in Längsrichtung.

Nun spreizen Sie die Finger und fahren, ausgehend von der Halswirbelsäule, mit den Fingerkuppen quer über den Verlauf der Muskelstränge.

Zum Abschluss legen Sie Ihre Handflächen rechts und links neben dem Nacken auf die Schultern. Die Daumen liegen dabei in der kleinen Kuhle oberhalb der Schlüsselbeine. Drücken Sie mit den Daumen nach innen und ziehen Sie die Finger gleichzeitig nach vorn. Dabei kneten Sie die Muskeln kräftig durch.

Stimulierende Klopfmassage auf das Brustbein

Diese sanfte Klopfmassage auf das Brustbein stimuliert die Thymusdrüse. Sie hebt den Energiepegel und stärkt die Abwehrkräfte.

Klopfen Sie mit den Fingerkuppen leicht auf das Brustbein, etwa zwei Zentimeter unterhalb der Stelle, wo sich das linke und rechte Schlüsselbein am Brustbein vereinigen. Tun Sie dies möglichst mehrmals pro Tag.

Wenn das Einzige, was Sie wollen, die Couch ist ...

Wenn der 46-jährige Krankenpfleger Ulli nach seinen aufreibenden Schichten auf der Intensivstation eines Kreiskrankenhaushauses heimkommt, ist er meist völlig erledigt. Da ist die mentale Belastung, die an seinen Nerven zehrt. Die Schicksale der Patienten auf seiner Station lassen ihn auch nach vielen Berufsjahren immer noch nicht kalt. Dazu kommt der Stress, wenn Mitarbeiter sich auf der ohnehin dünn besetzten Station krankmelden. Die zusätzliche Arbeit bringt ihn dann oft an die Grenzen seiner Belastbarkeit. Nach solch einer stressigen Schicht fühlt sich Ulli körperlich und emotional völlig ausgelaugt. Er weiß, er müsste jetzt eigentlich etwas für sich tun: spazieren gehen, sich eine Massage gönnen oder zum Schwimmen gehen. Doch meist schafft er es nicht, sich noch einmal aufzuraffen. Schließlich ist die Couch so unwiderstehlich nah, und die Fernbedienung für den Fernseher blinkt geradezu nach ihm. Doch Entspannung bringt ihm diese Form der Zerstreuung keine. Als er später vom Sofa ins Bett wechselt, fühlt er sich noch genauso gerädert wie zuvor.

Den Kopf frei machen – aktiv entspannen

Die Situationen, in denen wir uns völlig ausgepowert fühlen, kennen wir alle. Und mitunter ist der Sog der Couch so stark, dass wir uns ihm kaum entziehen können. Wir gleiten erschöpft auf das Sofa, greifen vielleicht noch zu einer Tüte Chips, einer Tafel Schokolade oder einem Glas Rotwein. Doch das Gefühl wohliger Entspannung will sich trotzdem einfach nicht einstellen. Der Körper fühlt sich wie tot an, die Emotionen sind blockiert. Für ein gutes Buch hat man längst keine Energie mehr, es reicht gerade noch für eine belanglose Fernsehshow.

Bei diesem Beispiel geht es nicht darum, Ihnen Genussmittel oder Zerstreuung zu vermiesen. Im Gegenteil: Es geht um den Genuss an sich. Wenn wir uns verspannt fühlen, stockt unser Energiefluss, und wir können nicht wirklich fühlen und genießen. Kurze Übungsprogramme wirken hier wie ein Katalysator. Lassen Sie also die Couch nur eine halbe Stunde warten, und Sie werden hinterher wohlig belebt und innerlich gereinigt auf ihr Platz nehmen.

Im Folgenden stehen Ihnen verschiedene Kurzprogramme zur Auswahl, die jeweils etwa nur zehn Minuten Zeit in Anspruch nehmen. Sie können die einzelnen Programme aber natürlich auch nach Lust und Laune miteinander kombinieren.

Lassen Sie sich einfach mal gehen

Ganz besonders wirksam ist diese Sequenz, wenn Sie mental angespannt sind oder es Ihnen schwerfällt geistig abzuschalten, wenn Sie also im wahrsten Sinne des Wortes Ihren Unmut, Ärger oder etwas, das Sie belastet, abschütteln wollen. Diese Übungen sind ungemein befreiend. Sie werden sich hinterher lebendig und angenehm durchblutet fühlen. Sie benötigen lediglich einen Raum, in dem Sie nicht gestört werden, und eine Musikanlage. Legen Sie die Art Musik auf, die Sie anregt, sich zu bewegen. Sie kann ruhig einen etwas härteren Rhythmus haben. Percussion-Musik eignet sich zum Beispiel hervorragend.

Schüttelübung

Sie beginnen im Stehen. Verlagern Sie Ihr Gewicht gleichmäßig auf beide Füße. Dann beginnen Sie, im Takt der Musik langsam den ganzen Körper zu schütteln.

Machen Sie die Knie weich, sodass die Schüttelimpulse durch den gesamten Körper laufen können. Das Becken, die Wirbelsäule und die Schultern – alles folgt den Impulsen, die von den Füßen und den Beinen ausgehen. Achten Sie auf Ihre Arme und Hände. Lassen Sie auch hier ganz locker. Der Hals, der Nacken und das Gesicht sind ebenfalls weich und folgen den Impulsen. Lassen Sie den Unterkiefer dabei entspannt hängen. Das verleiht Ihnen im Moment vielleicht einen etwas dämlichen Gesichtsausdruck, aber Sie sind ja allein. Und es ist ungemein entspannend.

Wenn Sie sich nach einigen Minuten »eingeschüttelt« haben, spielen Sie ein bisschen mit der Intensität. Sie können bestimmte Körperbereiche wie zum Beispiel einen Arm oder eine Schulter oder auch Bereiche, die sich besonders verspannt anfühlen, gezielter ausschütteln. Stellen Sie sich dabei vor, Sie schüttelten alles aus dem Körper, was Sie momentan belastet oder was Sie loswerden wollen.

Wechseln Sie Intensität und Tempo immer wieder, damit das Schütteln nicht mechanisch wird. Variieren Sie zwischen sanft, schlaksig, schnell, langsam, wellenförmig, stakkatoartig und weich. Geben Sie Ihren Impulsen nach und erspüren Sie, welche Dynamik Ihnen gerade guttut.

Wenn Sie merken, dass Sie sich locker geschüttelt haben, dann gehen Sie über zur nächsten Übung.

Die Luftgitarre

Vielleicht müssen Sie sich an dieser Stelle ein wenig überwinden. Aber gerade wenn Sie tagsüber im seriösen Business-Outfit die Etikette wahren müssen, ist es umso befreiender, sich einfach einmal völlig wild zu gebärden.

Spielen Sie Luftgitarre, so leidenschaftlich wie als Teenager. Wenn Ihnen danach ist, springen Sie dabei auf dem Sofa herum. Oder singen Sie laut mit, auch wenn Sie die Töne nicht treffen. Sie können aber auch ein klassisches Konzert dirigieren, wobei Beethovens Fünfte besonders geeignet ist, da sich hier wilde und beschauliche Sätze abwechseln. Wählen Sie eine Musik, die Sie anspricht, die Sie in Wallung bringt, und bei der Sie sich emotional ausleben können. Oder Sie tanzen einfach. Seien Sie dabei ruhig experimentell. Wechseln Sie vom Bauchtanz über einen Tango und Flamenco zu einer Polka oder einem Walzer. Ihrer Fantasie sind da keine Grenzen gesetzt.

Ausflippen und sich abreagieren

Wenn Sie so richtig geladen sind, dann tut es gut, einfach mal auszuflippen. Sie brauchen dabei aber nicht gleich das gute Geschirr oder Ihre Kücheneinrichtung zu zerdeppern. Wenn Sie keinen Sandsack haben, auf den Sie eindreschen könnten, dann zerreißen Sie alte Zeitungen. Oder geben Sie einem Kissen Saures. Oder noch besser: Rücken Sie mit dem Kissen Ihrem Teppich zu Leibe, der wird es Ihnen nicht übel nehmen. Spielen Sie dabei ruhig ein bisschen Theater, und sprechen Sie deutlich aus, was Sie nervt und belastet.

Entspannen durch Anspannen

Diese Übung hat eine sehr belebende Wirkung auf die Muskulatur. Indem Sie einzelne Muskelgruppen gezielt anspannen und wieder lösen, sensibilisieren Sie Ihre Wahrnehmung für die einzelnen Körperbereiche.

Progressive Muskelentspannung

Legen Sie Sich auf den Rücken in die Entspannungshaltung (siehe Abbildung 1, Seite 33).

Schließen Sie die Augen, und lassen Sie den Atem in den Unterbauch fließen, wie es im Kapitel über die Atmung beschrieben wird.

Richten Sie nun Ihre Aufmerksamkeit auf Ihr rechtes Bein. Spannen Sie es kurz und kräftig an, indem Sie die Fußspitzen des rechten Fußes in Richtung Schienbein ziehen und das Bein zwei Zentimeter anheben. Halten Sie die Spannung kurz, und lassen Sie dann wieder los. Auf die gleiche Weise verfahren Sie mit dem linken Bein. Nach jedem Anspannen und Loslassen gönnen Sie sich einige Augenblicke zum Nachspüren. In Bezug auf den übrigen Körper gehen Sie folgendermaßen vor:

Richten Sie die Fußspitzen zur Decke hin aus, wobei Sie die Fersen kräftig in den Boden pressen und das Becken anheben, sodass Ihr Rücken einen Bogen bildet. Das Gewicht liegt dabei auf den Schultern und den Fersen. Halten Sie die Spannung kurz, lösen Sie sie, und spüren Sie dem Gefühl nach.

Atmen Sie tief in den Bauch, und ziehen Sie beim Ausatmen die Bauchdecke kräftig nach innen, bis der untere Rücken den Boden berührt. Die Beine bleiben dabei locker. Auch hier gilt: Kurz halten, lösen, nachspüren.

Jetzt atmen Sie tief in den Brustkorb und wölben gleichzeitig den Brustkorb nach oben. Die Schulterblätter ziehen Sie dabei kräftig zusammen. Und wieder: Kurz halten, lösen, nachspüren.

Ballen Sie die Hände zu Fäusten, und heben Sie die gestreckten Arme zwei Zentimeter an. Nach einer kurzen Haltephase lösen Sie die Spannung und spüren dem Gefühl einen Moment nach.

Pressen Sie Ihren Hinterkopf sanft gegen den Boden und bewegen Sie das Kinn dabei leicht in Richtung Brustbein, sodass der Nacken lang wird. Und noch einmal: Kurz halten, lösen, nachspüren.

Nun folgt der »Löwe«, wie er auf Seite 92 f. beschrieben ist.

Zum Abschluss dieser Übung rollen Sie den Kopf mehrmals ganz lang-

sam von Seite zu Seite. Gehen Sie sowohl rechts als auch links an Ihre Bewegungsgrenze. Spüren Sie das Gewicht des Kopfes und Ihres gesamten Körpers.

Klopfen Sie sich frisch

Durch diese sanfte Klopfmassage wird die Energie entlang der Meridiane aktiviert und zum Fließen gebracht. Sie können mit einer lockeren Faust oder der flachen Hand klopfen.

Die Energiebahnen anregen

Sie beginnen bei Ihrer linken Schulter. Klopfen Sie auf den Muskel am oberen Rücken, der sich zwischen Hals und Schultergelenk befindet. Da sich hier gern Verspannungen bemerkbar machen, können Sie ruhig etwas länger klopfen.

Nun klopfen Sie an der Innenseite des linken Armes nach unten bis zu den Fingerspitzen, und an der Außenseite des Armes entlang wieder nach oben. Wiederholen Sie diese Prozedur drei Mal.

Anschließend bearbeiten Sie sanft den Brustbereich und gehen dann zur rechten Schulter und zum rechten Arm. Auch hier jeweils drei Mal die Innenseite entlang nach unten und an der Außenseite wieder nach oben klopfen.

Kommen Sie jetzt zur Brust zurück, und klopfen Sie langsam über die Vorderseite Ihres Rumpfes zur rechten Hüfte, an der Außenseite des rechten Beines entlang nach unten und an der Innenseite wieder nach oben. Wiederholen Sie das drei Mal und nehmen Sie sich dann auf gleiche Weise die linke Hüfte und das linke Bein vor.

Abschließend klopfen Sie über das Gesäß, den unteren Rücken hoch bis zur Nierengegend und wieder zurück zum Gesäß. Zu guter Letzt streichen Sie noch einmal die Arme von oben nach unten aus und schütteln die Hände.

Lockernde Übungsreihe für Rücken und Gelenke

Starten Sie dieses Programm mit einer kurzen Dusche. Normalerweise duscht man ja *nach* einer körperlichen Betätigung, aber das Programm ist so sanft, dass Sie nicht schwitzen werden. Eine Dusche spült symbolisch die Anspannung des Tages fort. Schlüpfen Sie dann in bequeme Kleidung, und wählen Sie sich einen Platz für Ihre Gymnastikmatte, an dem Sie ungestört sind.

Beginnen Sie Ihr Programm, indem Sie sich entspannt auf den Rücken legen und einige Minuten lang die Bauchatmung praktizieren. Sie können mit der progressiven Muskelentspannung (siehe Seite 120) beginnen oder der ganzen Körper in Rückenlage drei Mal kurz und kräftig anspannen und wieder lösen.

Die Rückenwaage

Diese Übung massiert die Rückenmuskulatur und löst somit Verspannungen. Sie wirkt sehr belebend auf den gesamten Rücken.

Abbildung 35 a: Schaukeln Sie mit angezogenen Knien langsam von rechts ...

Ziehen Sie in Rückenlage die gebeugten Knie in Richtung Bauch und umfassen Sie mit den Händen Ihre Knie oder Schienbeine. Lassen Sie den Kopf dabei entspannt am Boden. Sollte Ihnen das schwerfallen, legen Sie sich ein Kissen unter.

Abbildung 35 b: ... nach links

Nun schaukeln Sie langsam von rechts nach links. Schieben Sie dabei den Rücken vollständig und mit sanftem Druck gegen die Unterlage. Konzentrieren Sie sich besonders auf die Bereiche, die Sie lockern möchten. Üben Sie nur so viel Druck aus, dass Sie das Gefühl einer angenehmen Massage haben.

Die Spirale

Bei dieser spiralartigen Drehung in entspannter Rückenlage werden Brust-, Lendenwirbel- und Hüftbereich angenehm gelockert und gedehnt. Das löst Blockaden und bringt die Energie wieder zum Fließen.

Sie liegen auf dem Rücken. Stellen Sie Ihre Füße bei angewinkelten Knien hüftbreit auf, und legen Sie Ihre Arme entspannt neben den Körper.
Nun atmen Sie tief in den Bauch und lassen beim Ausatmen die Knie nach links sinken, während Sie gleichzeitig den Kopf zur rechten Seite drehen.

Abbildung 36 a: Lassen Sie Ihre angewinkelten Knie nach links sinken, während Sie den Kopf nach rechts drehen

Atmen Sie gleichmäßig weiter, und wechseln Sie langsam zur anderen Seite. Ihr Kopf bewegt sich nach links und die Beine nach rechts.

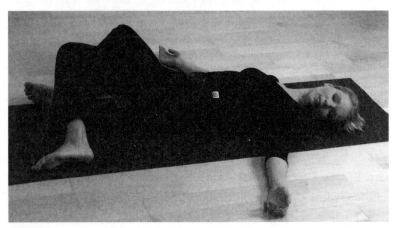

Abbildung 36 b: Dann bewegen Sie die Beine nach rechts und den Kopf nach links

Wiederholen Sie diesen Vorgang mehrere Male – ganz langsam, träge und entspannt. Sie brauchen sich dabei nicht anzustrengen, lassen Sie diese entspannende Pendelbewegung wie von allein geschehen, und achten Sie dabei auf eine gleichmäßige tiefe Bauchatmung.
Zum Schluss kommen Sie wieder in Rückenlage und spüren der Übung nach.

Beinkreise

Diese Übung dehnt die Beininnenseiten, mobilisiert und lockert die Hüften und fördert die Durchblutung in den Hüftgelenken. Sie ist besonders wohltuend, wenn Sie lange gesessen haben.

Ziehen Sie in Rückenlage die gebeugten Knie in Richtung Bauch, und umfassen Sie diese (oder die Schienbeine) mit den Händen.
Nun beginnen Sie, mit den gebeugten Beinen Kreise zu malen. Bewegen Sie die Beine erst in eine leichte Grätsche und dann so weit nach hinten wie Ihre Arme lang sind. Anschließend schließen Sie die Knie wieder und ziehen sie erneut in Richtung Bauch. Wiederholen Sie dieses Vorgehen langsam mehrere Male.

Dehnung und Mobilisierung der Beine und der Füße

Wer Tag für Tag auf den Beinen ist oder lange stehen muss, kennt das Gefühl tauber, schwerer Beine und Füße. Folgende Übungssequenz belebt, streckt und erfrischt müde Füße und Beine.

Heben Sie in Rückenlage die leicht gebeugten Beine senkrecht in die Luft, und schütteln Sie diese sanft aus. Lassen Sie Ihre Füße dabei ganz locker.

Abbildung 37a: Machen Sie Ihre Beine ganz lang, und ziehen Sie dabei die Fußspitzen in Richtung Schienbein

Nachdem Sie schön durchgelockert sind, strecken Sie Ihre Beine so weit wie möglich nach oben. Ziehen Sie dabei die Fußspitzen in Richtung Schienbein, so als würden Sie den Himmel mit Ihren Füßen abstützen. Halten Sie diese Position einige Atemzüge lang.

Nun stellen Sie ein Bein angewinkelt auf den Boden und umfassen das nach oben gestreckte Bein hinter dem Oberschenkel.

Dann kreisen Sie mit dem Fuß einige Male linksherum, anschließend rechtsherum. Ziehen Sie schöne große Kreise, das mobilisiert das Fußgelenk. Danach kneten Sie kräftig mit den Zehen, so als ob Sie mit ihnen eine Faust machen wollten. Anschließend strecken und beugen Sie den Fuß mehrmals im Wechsel.

Zu guter Letzt halten Sie den Fuß gebeugt und dehnen das gestreckte Bein, indem Sie es sanft zu sich heranziehen. Jedoch nur so stark, dass le-

Abbildung 37 b: *Dehnen Sie das gestreckte Bein, indem Sie es sanft zu sich heranziehen*

diglich ein leichtes Ziehen in der Rückseite des Beines spürbar ist. Wiederholen Sie die Übung mit dem anderen Bein.

Schulterbrücke

Die Schulterbrücke mobilisiert den unteren Rücken und kräftigt zugleich die Rückseiten der Beine und das Gesäß. Sie ist eine ideale Ausgleichshaltung für alle, die viel sitzen oder lange auf den Beinen sind.

Sie befinden sich in der Rückenlage. Stellen Sie die gebeugten Beine hüftbreit auf. Beim Einatmen lassen Sie den Atem tief in den Bauch fließen und bilden einen hohlen Rücken, sodass eine Maus unter Ihnen durchlaufen könnte. Der Druckpunkt liegt nun auf dem Steißbein.

Beim Ausatmen ziehen Sie den Bauch nach innen und schieben den unteren Rücken gegen den Boden. Wiederholen Sie diesen Vorgang einige Male.

Danach erweitern Sie die Bewegung. Beim Einatmen heben Sie die Hüfte um etwa 20 Zentimeter an und rollen den Rücken beim Ausatmen Wirbel für Wirbel von oben nach unten ab.

Abbildung 38 a: Bei der erweiterten Bewegung heben Sie die Hüfte stärker an ...

Abbildung 38 b: ... und rollen den Rücken Wirbel für Wirbel ab

Nach einigen Wiederholungen halten Sie die Hüfte oben und atmen gleichmäßig weiter. Ihre Gesäß-, Bein- und Rückenmuskulatur ist jetzt aktiv. Verharren Sie in dieser Position mehrere tiefe und ruhige Atemzüge lang. Wenn Sie diese Übung beendet haben, ziehen Sie Ihre Knie zum Bauch heran und kreisen mit diesen sanft im Uhrzeigersinn.

Ausklang

Bleiben Sie nach dem Übungsprogramm noch einige Minuten auf dem Boden in Rückenlage mit geschlossenen Augen liegen. Spüren Sie in sich hinein. Wie fühlt sich Ihr Körper nun an? Welche Bereiche nehmen Sie besonders wahr? Wie fühlt sich Ihre rechte Körperseite im Vergleich zur linken Seite an? Der Unterkörper im Vergleich zum Oberkörper? Visualisieren Sie ein Gefühl von Wärme und Schwere im ganzen Körper. Sie können das Programm nun mit einer der Übungen abschließen, die im Kapitel »Den Strom der Gedanken beruhigen« vorgestellt werden.

Aromatisches für die Sinne

Düfte können entspannen, anregen und die Stimmung heben. Sie schaffen ein angenehmes Raumklima und neutralisieren schlechte Schwingungen. Das ist auch der Grund, warum in Meditations- und Yogazentren Räucherstäbchen verwendet werden. Sie sollen die Atmosphäre klar halten und negative Energien auflösen. Wer sich mit Räucherstäbchen nicht anfreunden kann, findet in ätherischen Ölen eine gute Alternative, da ihr Duft feiner, subtiler ist. Hierfür benötigen Sie eine Duft- oder Aromaschale, in der die Ölmischung zusammen mit Wasser über einem Teelicht verdunstet wird. Mittlerweile werden entsprechende Mischungen fast überall angeboten. Doch Vorsicht, die Qualitätsunterschiede sind erheblich. Wollen Sie sichergehen, dass Sie wirklich reine und hochwertige Duftmischungen verwenden, stellen Sie sich diese am besten selbst zusammen. Kaufen Sie die dazu notwendigen Öle in einer Apotheke, im Reformhaus oder in Geschäften, die darauf spezialisiert sind. Die folgenden Duftmischungen können Sie problemlos selbst herstellen.

Ölmischung zur Entspannung

- 4 Tropfen Lavendelöl
- 4 Tropfen Rosenholzöl
- 2 Tropfen Geraniumöl

Ölmischung zur Erfrischung

- 4 Tropfen Lemongrasöl
- 4 Tropfen Limettenöl
- 2 Tropfen Bergamotteöl

Ölmischung zur Verbesserung der Konzentration

- 4 Tropfen Zirbelkiefernöl
- 4 Tropfen Rosmarinöl
- 2 Tropfen Zitronenöl

Frischekick für die Füße

Was für ein herrliches Gefühl ist es doch, abends nach Hause zu kommen und die Schuhe auszuziehen. Unsere Füße tragen von morgens bis abends unser Gewicht und tragen uns zuverlässig an jeden Ort, den wir erreichen wollen. Trotzdem vernachlässigen wir gerade unsere Füße häufig. Wer schon einmal eine Fußmassage bekommen hat, weiß um die erfrischende und wohltuende Wirkung. Ich kenne niemanden, der nicht einen begeisterten oder verklärten Gesichtsausdruck bekommt, wenn es um Fußmassage geht. Doch leider gönnen die meisten von uns sich diesen Luxus viel zu selten. Die Massage der Füße hat eine entspannende und belebende Wirkung auf den gesamten Körper, da die meisten Organe ihre Entsprechung in den Fußsohlen haben, die sogenannten Fußreflexzonen. Eine Selbstmassage der Füße ist einfach. Sie können diese zudem bequem auf der Couch durchführen. In Verbindung mit einem Fußbad und ätherischen Ölen können Sie den pflegenden Aspekt zusätzlich erhöhen.

Fußbad gegen kalte Füße

Geben Sie

- *4 Tropfen Rosmarinöl*
- *4 Tropfen Zypressenöl*
- *2 Tropfen Kampferöl*

in eine große Schüssel mit warmem Wasser. Baden Sie Ihre Füße darin, bis sie schön warm sind, und bewegen Sie dabei Ihre Zehen, das unterstützt die Durchblutung. Um die Wirkung noch zu verstärken, ziehen Sie nach dem Abtrocknen rote Socken an, dies unterstützt das Empfinden von Wärme und Erdung.

Selbstmassage für die Füße

Verteilen Sie zunächst etwas Öl auf dem gesamten Fuß (Fußgelenk, Fußrücken und Fußsohle). Wenn Sie Olivenöl mit etwas Zitronensaft mischen, werden Ihre Füße hinterher besonders geschmeidig sein. Massieren Sie ruhig mit so viel Druck, dass es Ihnen gerade noch angenehm ist.

- *Beginnen Sie am Fußgelenk. Kreisen Sie mit den Fingerkuppen beider Hände um Außen- und Innenknöchel.*
- *Danach kreisen Sie in den Vertiefungen unterhalb der Knöchel.*
- *Anschließend umfassen Sie die Achillessehne leicht oberhalb der Knöchel und streichen diese mehrmals in Richtung Ferse aus.*
- *Ferse: Malen Sie mit dem Daumen große Ellipsen direkt auf der Ferse, von innen nach außen und wieder zurück.*
- *Mittelfuß: Streichen Sie den Mittelfuß mit beiden Daumen von der Ferse aus in Richtung Fußballen kräftig aus.*
- *Fußballen: Gehen Sie hier nach dem Scheibenwischer-Prinzip vor, abwechselnd mit den Daumen quer über den Fußballen.*
- *Zehen: Streichen Sie die Zehen mit Daumen, Zeige- und Mittelfinger vom Ballen ausgehend aus und ziehen Sie jeden einzelnen lang.*
- *Biegen Sie nun alle Zehen mit dem Handballen nach oben.*
- *»Kämmen« Sie die Zehen, indem Sie mit den Fingern zwischen die Zeheninnenräume fahren und dann nach oben ausstreichen.*
- *Danach streichen Sie die Fußsohlen und den Fußrücken mit den flachen Händen, beginnend bei den Fußgelenken, in Richtung Zehen aus.*
- *Abschließend umfassen Sie die Zehen mit der Hand und kreisen mit dem Fuß sanft im Fußgelenk in beide Richtungen.*
- *Wiederholen Sie das Ganze mit dem anderen Fuß.*

Eine starke Mitte

Nach der Geburt ihres Sohnes Jesse vor drei Monaten fühlt sich Jenny (25) immer noch kraftlos und verspannt. Wie viele junge Mütter hat sie für das Wohl ihres Kindes ihre eigenen Bedürfnisse in den Hintergrund gestellt. Mitunter fühlt sich ihr Körper an wie ein Vakuum, und auch die überschüssigen Schwangerschaftspfunde wollen einfach nicht verschwinden. Für ein ausgewogenes Trainingsprogramm fehlt ihr die Zeit und die Energie. Während sie sich vor der Schwangerschaft durch Reiten und Joggen fit gehalten hat, spürt sie nun, wie ihr die körperliche Stabilität und vor allem die Energie bei vielen alltäglichen Tätigkeiten fehlt.

Und auch Claudia, 32 Jahre alt, denkt manchmal wehmütig an die Zeiten zurück, in denen sie sich in ihrem Körper richtig wohl gefühlt hat. Sie war bis zu ihrem 18. Lebensjahr Leistungssportlerin. In den Disziplinen Geräteturnen und rhythmische Sportgymnastik konnte sie sich sogar für die Deutschen Meisterschaften qualifizieren. Doch ihr Betriebswirtschaftsstudium im Ausland bereitete ihren sportlichen Aktivitäten ein jähes Ende. Vor drei Jahren bekam sie dann das Angebot, ein marodes Unternehmen in leitender Funktion aus der Krise zu führen. Das ist ihr mit großem Erfolg gelungen, doch der Preis dafür waren täglich zwölf bis 14 Stunden konzentrierte und aufreibende Arbeit. Überwiegend am Schreibtisch sitzend. Ganz nebenbei hat sie sich zum »Stressesser« entwickelt und 15 Kilo zugenommen, vor allem am

Bauch und an den Hüften. Als ehemalige Sportlerin vermisst sie das Gefühl von Leichtigkeit und Spannkraft.

Die Quelle der Kraft

Mitunter können bestimmte Lebensumstände dazu führen, die Bedürfnisse des eigenen Körpers zu vergessen. Die Anforderungen von außen nehmen einen dermaßen in Beschlag, dass man schlichtweg die Signale des Körpers überhört. Nervlich aufreibende Situationen werden dann nicht selten durch vermehrtes Essen kompensiert. Viele Menschen futtern sich einen regelrechten Schutzwall an, während die innere Stabilität immer schwächer wird. Dies betrifft besonders die Rumpfmuskulatur. Durch stundenlanges Sitzen oder ständiges Bücken und Heben erschlafft und verspannt die Haltemuskulatur im Rücken und im Bauch. Die Folge ist eine schlechte Körperhaltung, die früher oder später zu Beschwerden und zu muskulären Verspannungen führt. Doch nicht nur die Muskulatur, auch die Atmung und die inneren Organe werden durch eine ungünstige Körperhaltung beeinträchtigt. Der Atem kann nicht mehr so tief fließen und dementsprechend wird der Körper nicht mehr ausreichend mit Sauerstoff versorgt. Die Folge: Sie fühlen sich zunehmend energieloser. Das ist ein schleichender Prozess, dessen Auswirkungen meist erst sehr spät wahrgenommen werden.

In den letzten Jahren ist das Pilates-Training bei uns sehr populär geworden. Nicht ohne Grund, denn die Pilates-Methode ist ein ausgezeichnetes Haltungstraining. Es beinhaltet kräftigende und straffende Übungen für Bauch und Rücken und spricht in besonderem Maße die Wahrnehmung der eigenen Körperhaltung an. Durch die ruhige, mit einer speziellen Atemtechnik verbundene Bewegungsführung prägen sich diese Übungen sehr gut ins Bewegungsgedächtnis unseres Körpers ein, sodass die Abläufe wunderbar ins Alltagsgeschehen integriert werden können. So wird die Haltung auf Dauer stabiler und aufrechter.

Die gesamte untere Rumpfmuskulatur wird in der Pilates-Sprache das Powerhouse genannt. Gemeint sind damit die geraden sowie die quer und schräg verlaufenden Bauchmuskeln, die Rückenstrecker, die Muskulatur des unteren Rückens, die Gesäßmuskulatur und die Muskulatur des Beckenbodens.

Das Einbeziehen des Beckenbodens in Fitness- oder Trainingsprogrammen war bei uns bis vor einigen Jahren eher ungewöhnlich und beschränkte sich meist auf Rückbildungskurse nach dem Wochenbett, das Chorsingen oder die Atemtherapie. In den fernöstlichen Disziplinen wie Yoga, Qi Gong oder der Zen-Meditation dagegen war der Bereich des Beckenbodens und des Unterbauches schon immer von besonderer Bedeutung. Im Yoga geht man davon aus, dass an der Basis der Wirbelsäule eine geheimnisvolle Schlangenkraft schlummert, die Kundalini-Energie, die erweckt werden und aufsteigen soll. Dabei spielt die Kontrolle über den Beckenboden, in der Yogasprache »Mula Bandha« genannt, in Verbindung mit speziellen Atemtechniken eine zentrale Rolle. »Hara« ist das japanische Wort für Bauch oder Leib und bezieht sich auf die Quelle der Vitalenergie im unteren Bauch, einige Zentimeter unter dem Nabel – im Chinesischen auch als »Tan t'ien« bezeichnet. Das Hara ist das zweite von sieben Energiezentren, die von vielen Kulturen anerkannt werden. Es wird gewöhnlich als Erdzentrum betrachtet, und sorgt dafür, dass die Energie im Becken gesammelt und von dort aus über den ganzen Körper verteilt wird. Allen genannten Richtungen ist ein Ziel gemeinsam: die Lebensenergie in diesen Bereichen zu zentrieren und zu aktivieren.

Das nachfolgende Übungsprogramm basiert auf Elementen der Pilates-Methode und der Rückengymnastik. Darüber hinaus werden auch die feinstofflichen Ebenen angesprochen. Es geht hierbei also nicht nur um das gezielte Kontrahieren bestimmter Muskelgruppen, sondern auch um das Wahrnehmen der Energiezentren und um Energielenkung. Ein rein mechanisches Training stärkt und stabilisiert zwar die Muskulatur, doch einen nachhaltigen Gewinn aus den Übungen können Sie nur erlangen, wenn Sie Ihre Konzentration auf die feinen Energieströme in sich lenken. Sie bekommen nicht nur einen straffen Körper und eine gesunde Körperhaltung, Sie lernen auch, Ihre Energiereserven aufzutanken und anzuzapfen. Auf Dauer werden Sie sich dadurch lebendiger und energiegeladener fühlen, Ihr Training bekommt so einen nachhaltigen Erfolg.

Bevor wir jedoch mit dem Training beginnen, hier noch einige interessante Informationen zum Thema Beckenboden und Haltungstraining. Denn: Je genauer das Gehirn weiß, was es tut und welche Muskelgruppen angesteuert werden sollen, desto effektiver reagiert die Muskulatur – und somit der gesamte Körper – auf das Training.

Die Beckenbodenmuskulatur – ein wenig Hintergrundwissen

Die Beckenbodenmuskulatur besteht aus verschiedenen Schichten und ist etwa so dick wie eine Hand. Wenn Sie beide Hände mit den Innenseiten aneinanderlegen und eine Schale bilden, entspricht das etwa der Form und der Größe der Muskulatur des Beckenbodens. Der Beckenboden verschließt die untere Beckenöffnung wie ein elastisches Netz, das an verschiedenen Beckenknochen mit Bändern aufgehängt ist. Die einzelnen Schichten des Beckenbodens sind vielen Menschen unbekannt und bei den meisten auch nur schwach ausgebildet, was ein Absenken der Bauchorgane zur Folge haben kann. Die Beckenbodenmuskulatur trägt zudem ganz entscheidend zu unserer Körperhaltung bei. Wird die Grundspannung der Beckenbodenmuskulatur erhöht, werden Gesäß- und Bauchmuskulatur entlastet.

Ein regelmäßiges Training des Beckenbodens beugt Inkontinenz (Blasenschwäche) vor, denn die Kontrolle der Ausscheidungen kann gezielt gesteuert und trainiert werden. Das bewusste Einsetzen des Beckenbodens kann zudem das sexuelle Erleben sehr bereichern. Auch beim Heben schwerer Gegenstände können Sie die Muskulatur des Beckenbodens gezielt einsetzen – und entlasten so wiederum die Wirbelsäule.

Die drei Schichten des Beckenbodens

Die innerste Schicht, der Fächer, bewegt bei den Säugetieren den Schwanz, der bei uns verkümmert und nur noch als Steißbein angedeutet ist. Wenn Sie diese Schicht anspannen, ohne die Gesäßmuskulatur anzuspannen, spüren Sie eine kleine Kontraktion im Anus (ein Nach-innen- und -oben-Ziehen).

Die mittlere Schicht, das Dreieck, bildet den vorderen Teil des Beckenbodens. Wenn Sie diesen Bereich anspannen, können Sie die Schließmuskulatur von Blase und Scheide oder Penis kontrahieren. Stellen Sie sich vor, Sie unterbrechen beim Wasserlassen den Strahl.

Die äußerste Schicht, die Acht, wird von ringartigen Muskeln gebildet, die den sicheren Verschluss der Ausscheidungsorgane ermöglichen. Sie zieht sich in Form einer Acht (daher der Name) um Harn-, Scheiden- und Darmausgang herum. Der Kreuzungspunkt der Acht ist der Damm. Stellen Sie sich vor, Sie ziehen diesen Punkt immer wieder rhythmisch hoch und lassen dann los. Die Muskelschicht, die den Rumpf nach unten abschließt, wird durch das Kontrahieren gestärkt und trainiert. Es ist genau genommen Muskelisolationsarbeit: Je gezielter Sie diese Muskulatur ansteuern, desto größer ist die Wirkung auf die Muskelfasern.

Anfangs können viele Menschen ihren Beckenboden gar nicht wahrnehmen. Das Aktivieren der Schließmuskeln und des Dammes ist das eigentliche Training.

Aktivieren des Beckenbodens

Das Training und das Aktivieren der einzelnen Schichten erfordert zunächst ein wenig Geduld und Konzentration, doch es lohnt sich. Mit ein wenig Übung werden Sie bald die Stärke spüren, die diesem Bereich innewohnt. Ein großer Vorteil dieses Trainings liegt darin, dass Sie es fast überall und jederzeit ohne Aufsehen zu erregen praktizieren können:

An der Bushaltestelle

Sie haben wieder einmal den Bus verpasst? Anstatt sich wie sonst darüber zu ärgern, sehen Sie es ab sofort als eine gute Gelegenheit zum Training an.

Verlagern Sie Ihr Gewicht gleichmäßig auf beide Füße und Beine und aktivieren Sie die innerste Schicht des Beckenbodens, den Fächer, indem Sie die Schließmuskeln des Anus anspannen, kurz halten und wieder lösen, ohne dabei die Gesäßmuskulatur zu kontrahieren. Das wiederholen Sie mehrere Male.

Nun konzentrieren Sie sich auf die mittlere Schicht, das Dreieck. Stellen Sie sich vor, Sie unterbrechen beim Wasserlassen den Strahl. Auch hier gilt: kontrahieren, halten, lösen und mehrmals wiederholen. Dabei spielt

es übrigens keine Rolle, ob Sie weiblichen oder männlichen Geschlechts sind. Da die Frauen in diesem Bereich eine Körperöffnung mehr haben, die Scheide, aktivieren Sie als Frau diese Muskulatur gleich mit, indem Sie sich vorstellen, Sie ziehen langsam eine Murmel nach oben.
Strengen Sie sich dabei jedoch nicht zu sehr an. Bewahren Sie während des Übens einen weichen und entspannten Gesichtsausdruck.

Falls es Ihnen anfangs nicht gelingen sollte, die Muskulatur isoliert zu aktivieren, dann spannen Sie einfach alle Schließmuskeln kurz und kräftig an und lösen diese dann wieder. Wiederholen Sie dies einige Male rhythmisch, und lassen Sie dann bewusst locker. Mit einiger Übung wird es Ihnen aber schnell gelingen, die Schichten einzeln zu trainieren.

An der roten Ampel

Sie haben heute wieder »Rote Welle«. Auch hier zeigen Sie jetzt heitere Gelassenheit. Egal, ob Sie im Auto sitzen oder an der Ampel stehen, ab sofort aktivieren Sie bei Rot die äußerste Schicht des Beckenbodens, die Acht.

Konzentrieren Sie sich auf den Schnittpunkt der Acht, den Damm. Heben und senken Sie ihn, indem Sie die Muskulatur in diesem Bereich rhythmisch anspannen.

Falls es Ihnen anfangs nicht gelingt, diesen Bereich isoliert anzuspannen, dann verlieren Sie nicht die Geduld. Machen Sie sich bewusst, dass die Konzentration und die Absicht wichtige Schritte sind, die der eigentlichen Bewegung vorausgehen. Üben Sie jeweils nur kurz, die Dauer einer Rotphase an der Ampel ist dabei völlig ausreichend.

In der Warteschlange bei der Post

Lange Warteschlangen sind eine ideale Gelegenheiten, um das Beckenbodentraining zu intensivieren. Nachdem Sie nun schon einige Übung mit dem Anspannen der einzelnen Muskelschichten haben, verbinden Sie es mit inneren Bildern.

Stellen Sie sich vor, in Ihrem Unterbauch befinde sich ein kleiner grüner Flaschengeist und Ihr Beckenboden sei ein Trampolin. Dieses kleine, grüne, muntere Kerlchen beginnt, auf dem Trampolin auf und ab zu springen. Zunächst kleine, schnelle Sprünge, die mit der Zeit immer länger und höher werden. Geben Sie dabei kräftige Impulse an das »Trampolin« – bis der Flaschengeist mit seinem Kopf Ihr Zwerchfell berührt. Lassen Sie ihn einige kleine und dann wieder große, lange Sprünge ausführen, bis Sie schließlich an der Reihe sind und am Schalter bedient werden.

Visualisieren Sie den Bereich des Beckenbodens als wärmende Kraftquelle und stellen sich vor, wie lebensspendende Energie aus diesem Bereich aufsteigt, so wie Wasser, das langsam verdunstet.

Kurzprogramm »Kraft aus der Tiefe«

Nachdem Sie nun mit dem Aktivieren des Beckenbodens vertraut sind, können Sie direkt mit dem Kurzprogramm für Zuhause beginnen. Die besten Ergebnisse erzielen Sie, wenn Sie es zwei bis drei Mal pro Woche durchführen, zum Beispiel im Wechsel mit dem Morgen- (siehe Seite 46–66) oder dem Abendprogramm (siehe Seite 116–132). Auch hier benötigen Sie wieder einen Platz, an dem Sie für 20 bis 30 Minuten ungestört sind, sowie eine Gymnastikmatte. Alle nun folgenden Übungen werden mit dem »gedehnten Atem« verbunden, der im Kapitel über die Atmung (Seite 29–45) vorstellt wurde.

Aktivieren des »Powerhouse«

Diese Übung stärkt und durchblutet die gesamte Rumpfmuskulatur.

Legen Sie sich auf den Rücken in Entspannungshaltung (siehe Abbildung 1, Seite 33), und kommen Sie innerlich zur Ruhe. Konzentrieren Sie sich zunächst auf das Gewicht Ihrer einzelnen Körperbereiche. Atmen Sie einige Male entspannt und tief in den Bauch, und gehen Sie dann in den gedehnten Atem über. Wenn Sie spüren, dass Ihr Atem ruhig und lang wird, unterstützen Sie den Atem durch die Bewegung ihrer Arme.

Beim Einatmen heben Sie die ausgestreckten Arme senkrecht nach oben und führen die Bewegung weiter, bis Ihre Hände weit hinter dem Kopf den Boden berühren.

Abbildung 39 a: Vollziehen Sie mit Ihren Armen beim Einatmen einen Halbkreis, bis Ihre Hände den Boden erreichen

Beim Ausatmen führen Sie die Arme auf demselben Weg wieder zurück zur Ausgangsposition.

Nachdem Sie dies etwa sechs Mal praktiziert haben, kontrahieren Sie beim Ausatmen Ihren Beckenboden und den Unterbauch. Ziehen Sie den Beckenboden nach oben und den Unterbauch gleichzeitig nach innen, bis der untere Rücken den Boden berührt. Die eingeatmete Luft fließt in den entspannten Bauch, während Sie die Arme nach hinten ziehen.

Beim Ausatmen aktivieren Sie nun zusätzlich zur Armbewegung die Füße. Ziehen Sie die Fußspitzen in Richtung Schienbein, während Sie den Bauch nach innen ziehen (Abb. 39 b). Beim Einatmen entspannen Sie die Füße und den Bauch wieder.

Abbildung 39 b: Im zweiten Schritt ziehen Sie beim Ausatmen zusätzlich die Fußspitzen in Richtung Schienbein

Führen Sie diese Bewegung weiter fort und visualisieren Sie während Sie ausatmen, wie Sie die Energie aus dem Beckenboden die Wirbelsäule entlang nach oben ziehen.

Nach weiteren sechs Wiederholungen entspannen Sie sich und nehmen nun die Empfindungen im Beckenbereich wahr (Abb. 39 c).

Abbildung 39 c: Am Schluss der Übung entspannen Sie sich und spüren Ihren Empfindungen nach

Den Himmel noch oben schieben

Das Ziel dieser Übung ist, den Bauch zu stärken und die Beinrückseiten zu strecken. Darüber hinaus fördert Sie auch deren Durchblutung.

In Rückenlage heben Sie die gebeugten Knie auf Hüfthöhe, die Arme strecken Sie hinter dem Kopf lang aus (Abb. 40 a).

Atmen Sie tief ein, und führen Sie beim Ausatmen die Arme wie in der letzten Übung im Halbkreis neben die Hüften, während Sie Ihre Fußsohlen zur Decke schieben. Die Beine sind nun senkrecht nach oben gestreckt (Abb. 40 b).

Beim Einatmen kommen Sie zurück in die Ausgangsposition. Wiederholen Sie die Übung acht Mal.

Abbildung 40 a: Heben Sie die gebeugten Knie an, währen sie die Arme hinter dem Kopf lang ausstrecken

Abbildung 40 b: Aktivieren Sie in der Streckphase unterstützend Ihren Bauch und Beckenboden, indem Sie das Becken leicht anheben

Nun steigern Sie die Intensität, indem Sie beim Ausatmen die Schultern und den Kopf anheben (Abb. 40 c). Gehen Sie dabei immer ganz bewusst und langsam in die Spannungs- und Lösungsphase. Machen Sie sich bewusst, dass die Kraft der Bewegung aus der Tiefe Ihres Rumpfes kommt.

Abbildung 40 c: *Zur Intensivierung heben Sie beim Ausatmen auch die Schulter und den Kopf an*

Mit den Hüften laufen

Mithilfe dieser Übung kräftigen Sie den Unterbauch und die Hüften. Sie hilft darüber hinaus beim Entspannen des unteren Rückens.

Strecken Sie in Rückenlage die Beine senkrecht nach oben, sodass Ihre Fußsohlen zur Decke zeigen. Nun heben Sie die Hüften im Wechsel an. Da-

bei handelt es sich um sehr kleine Bewegungen, maximal ein bis zwei Zentimeter. Am besten, Sie stellen sich vor, mit den Hüften auf der Stelle zu laufen. Wiederholen Sie die Übung acht Mal pro Seite.

Der Korkenzieher

Diese Haltung kräftigt den gesamten unteren Rumpf und massiert zudem den unteren Rücken.

Strecken Sie die Beine in Rückenlage senkrecht noch oben, die Füße sind dabei lang gestreckt. Nun beginnen Sie, kleine Kreise mit den Beinen in die Luft zu malen, die dann immer größer werden. Die Schultern und der obere Rücken bleiben während der gesamten Übung fest am Boden. Malen Sie die Kreise nur so groß, dass Sie jederzeit die Kontrolle über den unteren Rücken haben.

Abbildung 41: *Achten Sie beim Malen der Kreise mit den Beinen stets auf Ihre Bewegungsgrenzen*

Rollen wie ein Ball

Das Rollen wie ein Ball massiert die Rückenmuskulatur und kräftigt den Bauch.

Greifen Sie in Rückenlage mit den Händen hinter die Oberschenkel. Heben Sie Kopf und Schultern an, sodass Ihr Rücken die Form eines Eis annimmt.

*Abbildung 42 a:
Begeben Sie sich in die Rückenlage, und machen Sie Ihren Rücken rund*

Beginnen Sie nun vor und zurück zu schaukeln. »Winken« Sie dabei unterstützend ganz leicht mit den Unterschenkeln.

*Abbildung 42 b:
Achten Sie darauf, Ihren Rücken während der Schaukelbewegung fest gegen die Unterlage zu schieben*

Das Boot

Mit dieser Übung stärken und kräftigen Sie den Bauch sowie die Rückenmuskulatur. Darüber hinaus wird der gesamte Rumpf stabilisiert und eine aufrechte Körperhaltung dauerhaft unterstützt.

Sie beginnen im Sitzen. Greifen Sie mit beiden Händen hinter die Oberschenkel und ziehen diese zu sich heran, bis die Füße in der Luft schweben (Abb. 43 a).

Abbildung 43 a: Ziehen Sie Ihre Oberschenkel zu sich heran, sodass Ihre Füße in der Luft schweben

Nun schaukeln Sie ein wenig auf Ihrer Sitzfläche (zwischen Sitzbeinknochen und Steißbein) herum, bis Sie die Balance gefunden haben und die Position sicher halten können. Kommen Sie dann zur Ruhe, und konzentrieren sich auf Ihre Atmung.

Beim Einatmen strecken Sie den Rücken so lang Sie können. Dabei heben Sie Ihr Brustbein an, als ob Sie an einem Faden daran nach oben gezogen würden (Abb. 43 b). Beim Ausatmen lassen Sie den Rücken wieder rund werden. Wiederholen Sie diesen Übungsabschnitt sechs Mal.

Abbildung 43 b: Heben Sie das Brustbein an, als würden Sie daran nach oben gezogen

Nun halten Sie den Rücken lang und strecken beim Einatmen Ihr rechtes Bein nach oben (Abb. 43 c). Beim Ausatmen senken Sie es wieder. Dann tun Sie dasselbe mit dem linken Bein. Wiederholen Sie dies vier Mal pro Bein.

Abbildung 43 c: Machen Sie den Rücken lang und strecken Sie beim Einatmen Ihr rechtes Bein nach oben

Entspannen Sie den Rücken für einen Moment, und führen Sie die Übung danach mit beiden Beinen aus (Abb. 43 d). Nach sechs Wiederholungen halten Sie die Beine so lange wie möglich in der Luft.

Abbildung 43 d: Von der Seite aus gesehen bildet Ihr Körper ein »V«, das symbolisch den Rumpf eines Schiffes darstellt

Nur ein stabiler Rumpf trägt ein Schiff dauerhaft durch die Stürme des Lebens. Sie bilden nun mit Ihrem gesamten Körper diesen Rumpf. Machen Sie sich bewusst, dass auch hier die Kraft aus der Tiefe Ihres Körpers kommt. Und genießen Sie dabei die Stabilität, die Ihnen innewohnt. Bleiben Sie in der Haltung, solange Sie den Rücken gerade und aufrecht halten können. Anfangs gelingt es vielleicht nur wenige Atemzüge lang. Wiederholen Sie diese Position ruhig mehrmals.

Der Halbmond

Diese Haltung stärkt das Gleichgewicht und fördert die Konzentration. Sie streckt und dehnt die vordere Hüft- und Oberschenkelmuskulatur, kräftigt die Rückenmuskulatur und dehnt den Brustbereich. Haben Sie empfindliche Knie, dann legen Sie eine weiche Unterlage unter das hintere Knie.

Gehen Sie auf die Knie, und machen Sie mit Ihrem rechten Bein einen Ausfallschritt nach vorn. Das Bein ist angewinkelt, Ober- und Unterschenkel bilden einen rechten Winkel. Nun verlagern Sie Ihren Körperschwerpunkt sanft nach vorn, bis Sie eine Dehnung in der rechten Hüfte spüren. Halten Sie diese Position einige Atemzüge lang.

Richten Sie dann den Oberkörper auf und strecken Sie beide Arme nach oben. Dabei zeigen die Handflächen zueinander, so als ob Sie einen Ball in den Händen hielten.

Abbildung 44: *Strecken Sie den Rücken so lang Sie können, Ihr Blick dabei ist diagonal nach oben gerichtet*

Nach einigen Atemzügen vertiefen Sie die Position, indem Sie das Brustbein noch weiter anheben und den Oberkörper sanft nach hinten neigen. Achten Sie dabei auf die Weite in Ihrem Brustraum und auf die Stabilität im Hüftbereich. Bleiben Sie so einige tiefe, ruhige Atemzüge lang.

Machen Sie im Anschluss daran eine kurze Pause, bei der Sie sich mit dem Gesäß auf die Fersen setzen. Danach wiederholen Sie die Übung mit der anderen Seite.

Der Taucher

Mithilfe dieser Übung stärken Sie Ihre gesamte rumpfaufrichtende Muskulatur.

Gehen Sie in die Bauchlage und strecken Sie Arme und Beine lang aus. Ihre Stirn berührt den Boden, die Handflächen zeigen zueinander, die Daumen nach oben.

Abbildung 45 a: Strecken Sie in Bauchlage Ihre Arme und Beine so lang wie möglich aus

Konzentrieren Sie sich auf den rechten Arm und das linke Bein. Heben Sie diese beim Einatmen an, und senken Sie sie wieder beim Ausatmen. Wiederholen Sie die Prozedur mit dem linken Arm und dem rechten Bein, insgesamt jeweils sechs Mal pro Diagonale.

Abbildung 45 b: Heben Sie rechten Arm und das linke Bein, und senken Sie diese wieder

Dann entspannen Sie sich für einige Atemzüge.

Heben Sie nun beim Einatmen beide Arme und Beine an, und senken Sie diese wieder beim Ausatmen. Heben Sie den Kopf dabei mit an. Die Stirn zeigt zum Boden. Wiederholen Sie diesen Übungsabschnitt sechs Mal und halten Sie die Arme und Beine am Schluss oben.

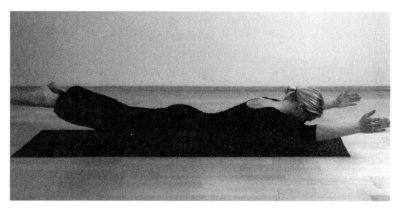

Abbildung 45 c: Bei diesem Übungsabschnitt heben Sie beide Arme und Beine sowie den Kopf an

Bewegen Sie diese nun gegeneinander wie ein Taucher auf und ab. Zählen Sie langsam bis 16 und machen Sie eine Pause, bevor Sie mit dem Programm fortfahren.

Die Planke

Die Planke ist eine sehr wertvolle Übung, da das Zusammenspiel der einzelnen Muskeln und Muskelgruppen im gesamten Körper gestärkt wird.

Begeben Sie sich in den Unterarmstütz und verteilen Sie das Gewicht gleichmäßig auf beide Hände und Unterarme. Stellen Sie die Füße hüftbreit auf und heben Sie den Rumpf an, sodass Ihr Körper eine Linie bildet.

Abbildung 46: *Bei dieser Übung wir Ihr Gewicht von den Unterarmen und den Füßen getragen*

Halten Sie diese Position nun einige Atemzüge lang, und aktivieren Sie dabei bewusst Ihren Beckenboden und den Unterbauch.

Machen Sie sich leicht, sagen sie sich: »Ich bin leicht wie eine Feder, ich schwebe mühelos«. Wenn Sie sich in Gedanken leicht machen, wird Ihnen die Übung sehr viel weniger Mühe bereiten, denn das Nervensystem reagiert sofort auf die Botschaften, die Sie sich selbst schicken. (Sie können das überprüfen, indem Sie sich genau das Gegenteil sagen »Ich bin bleischwer«.)

Halten Sie diese Position mindesten 30 Sekunden, und wiederholen Sie die Übung dann noch zwei weitere Male.

Die Haltung des Kindes

Indem Sie diese Haltung einnehmen, dehnen und strecken Sie den unteren Rücken. Das entspannt den gesamten Körper.

Verlagern Sie das Gewicht Ihrer Hüften auf die Fersen, öffnen Sie die Knie und strecken Sie den Oberkörper und die Arme lang nach vorn aus.

Abbildung 47: *Schließen Sie die Augen, und halten Sie die Position so lange, wie es angenehm ist*

Kommen Sie in eine ruhige gleichmäßige, tiefe Atmung, und lassen Sie dabei den Bauch ganz locker. Entspannen Sie auch den Beckenboden.

Sie können sich alternativ auch auf den Rücken in die Entspannungsposition (siehe Abbildung 1, Seite 33) legen. Spüren Sie in sich hinein. Was nehmen Sie wahr? Wie fühlen Sie sich?

Den Strom der Gedanken beruhigen

Marc ist ein äußerst erfolgreicher Personal Trainer. Der 28-Jährige hat sich als Fitnessprofi einen Namen gemacht. Kürzlich wurde sein Arbeitsalltag im Frühstücksfernsehen vorgestellt. Durchtrainiert, sonnengebräunt, mit einem strahlenden Lächeln und immer wie aus dem Ei gepellt, motiviert er seine Klientel, erstellt ihnen Trainingspläne und gibt nützliche Tipps. Schon früh morgens sieht man ihn 14 Kilometer mit einem Kunden laufen, der demnächst seinen ersten Marathon anpacken will. Danach ist eine Runde Sandsackboxen mit einem Manager zur Stressbewältigung fällig und wiederum später Nordic Walking mit einer Schauspielerin, die für einen Dreh Gewicht verlieren muss. Marc macht seinen Job perfekt. Zwischendurch sieht man ihn beim Fotoshooting für Bademoden, denn er ist so attraktiv, dass er auch noch regelmäßig als Model gebucht wird. Als er schließlich von der Moderatorin gefragt wird, wie sich denn ein Fitnesstrainer entspannt, strahlt er in die Kamera und sagt, sein Job würde ihn so ausfüllen, dass er keine Entspannung bräuchte. Doch tatsächlich ist dieser Ausbund an strahlender Gesundheit spätabends durch das ausgiebige Training und die vielen Aktivitäten so aufgedreht, dass er innerlich überhaupt nicht zur Ruhe kommt. Die feurige Energie des Antriebs, das Rajas-Prinzip, wirkt hier in sich selbst verstärkend. Die Entspannung sucht er in der Aktivität. Meist geht er dann noch tanzen, bis er körperlich erschöpft ist und endlich schlafen kann.

Der Weg zur inneren Ruhe

Wer tagtäglich und im wahrsten Sinne des Wortes viel in Bewegung ist, kennt das Gefühl des »Aufgedrehtseins«, verbunden mit der Unfähigkeit, zur Ruhe zu kommen. Dieses Phänomen der Hyperaktivität findet man in vielen Berufsgruppen. Wer beruflich viel reisen muss, wer ständig von Termin zu Termin hetzt, wer zahlreiche Kundenkontakte pflegt und so geistig und körperlich ständig in Bewegung ist, empfindet plötzliche Ruhe meist als unangenehm. Die mentale Verfassung ist derart auf Aktivität eingestellt, dass ein plötzlicher Stillstand wie ein Schock wirkt. Aus diesem Grund neigen viele bewegungsaktive Menschen dazu, erst gar keine Ruhe aufkommen zu lassen. Sie powern sich dann beim Joggen aus oder gehen zum Fitnesstraining, wo sie noch ein anstrengendes Workout machen, bis sich endlich ein vermeintliches Gefühl der Ruhe einstellt, das im Grunde jedoch nichts anderes als Erschöpfung ist. Wenn Körper und Psyche derart auf Hochtouren laufen, kann es passieren, dass man langsam, aber stetig innerlich ausbrennt und es schleichend zum sogenannten Burn-Out kommt. Denn die Wahrnehmung der Ermüdung funktioniert bei einem Menschen, der ununterbrochen aktiv ist, nur noch sehr eingeschränkt. Er hört die feineren inneren Warnsignale einfach nicht mehr. Genau wie ein träger und antriebsloser Mensch oftmals noch passiver und schlaffer wird, so kompensiert der tatkräftige Mensch seinen Stress häufig durch eine weitere Aktivitätssteigerung.

Dabei vergisst er eines: Tiefe innere Ruhe, wohlige Gelassenheit, verbunden mit einem Gefühl des Loslassens und Weitwerdens, stellen sich nur dann ein, wenn auch der innere Monolog zur Ruhe kommt. Unser Verstand funktioniert wie ein Computer. Er ist darauf programmiert, unaufhörlich zu denken. Sie können das leicht überprüfen. Legen Sie für einige Minuten dieses Buch zur Seite, und versuchen Sie, an nichts zu denken.

Mal ehrlich, was ist Ihnen dabei so alles durch den Kopf gegangen? Die Steuerklärung, der Abwasch, der in der Küche wartet, ein Gespräch mit einem Freund?

Es gibt eine alte Geschichte: Ein junger Mann geht zu einem Meister und möchte zur inneren Ruhe finden. Dieser sagt: »Ich kenne eine geheime Technik. Du darfst nicht an Affen denken«. Der junge Mann geht nach Hause und denkt natürlich nur noch an Affen, egal was er auch tut. Es ist also genau der gegenteilige Effekt eingetreten, weil das Loslassen der Gedanken nicht möglich ist.

Wenn es Ihnen jedoch gelungen ist, sich nicht in Ihren Gedanken zu verstricken, sondern sie wie Wolken an sich haben vorüberziehen lassen, dann sind Sie wahrscheinlich in Meditation geübt. In der Tradition der Zen-Meditation heißt es: »Lasse die Gedanken kommen und gehen und wie Wolken vorüberziehen, aber lade sie nicht zum Tee ein.«

Den meisten Menschen wird der eigene Gedankenstrom erst richtig bewusst, wenn sie versuchen, an nichts zu denken. Machen Sie folgendes Experiment: Schreiben Sie einmal zehn Minuten lang alles auf, was Ihnen gerade in den Sinn kommt. Wirklich alles, jeden kleinen und unwichtigen Gedanken. Sie werden verblüfft sein, was für ein zusammenhangloser »Gedankensalat« dabei herauskommt. Denn das Denken springt wie ein ruheloser Affe von einem Ast zum anderen.

Mentale Übungen – Gehirnjogging nur umgekehrt

Den Strom der Gedanken zu beruhigen ist ein geistiges Training. Ähnlich wie Gehirnjogging, nur umgekehrt. Es führt uns genau in die entgegengesetzte Richtung. Gönnen Sie Ihren Gedanken einfach einmal Urlaub. Ruhe. Sendepause. Stille. Sie können sich das anhand dieser kleinen »Schneekugeln« vorstellen, mit denen Kinder gern spielen. Man schüttelt die Kugel kräftig, der »Schnee« in der Kugel wird durcheinandergewirbelt und schwebt dann langsam auf den Boden der Kugel. Jede einzelne Schneeflocke ist ein Gedanke, der zur Ruhe kommt, während Sie das Geschehen beobachten. Wenn sich der Gedankenfluss beruhigt, öffnen sich Türen zu inneren Räumen: innere Stimme, Intuition, Bauchgefühl, Wahrnehmung, höhere Intelligenz. Diese inneren Räume können nicht vom Denken erfasst oder kontrolliert werden. Der Schlüssel dazu ist das Fühlen. Wenn Ihr Denken schließlich in den Hintergrund tritt, werden Sie sich erleichtert und wie befreit fühlen. Sie werden innerlich erfrischt und inspiriert sein, wenn Sie das Loslassen der Gedanken regelmäßig praktizieren. Lösungen für Probleme, an denen Sie vielleicht schon eine Weile herumkauen, bieten sich auf einmal ohne Ihr Zutun an.

Die meisten mentalen Übungen können Sie überall durchführen. Beginnen Sie jeweils mit nur wenigen Minuten beziehungsweise mit der angegebenen Anzahl von Wiederholungen, bis Sie intuitiv die richtige Zeitdauer für Ihre Übung finden. Mentale Übungen setzen die Bereitschaft zum körperlichen und geistigen Innehalten voraus und bewirken im Nachhinein gleichzeitig die Fähigkeit dazu. Sie erfordern Konzentration und trainieren diese gleichzeitig.

Die Körperreise

Die Körperreise hat eine sehr entspannende Wirkung auf den Körper, die Gedanken und die Gefühle. Am wirkungsvollsten ist sie, wenn sie in Rückenlage praktiziert wird. Wenn Sie die Übung also abends im Bett vor dem Einschlafen machen, werden Sie in einen wohligen und entspannten Schlaf sinken. Ähnlich wie beim autogenen Training basiert diese Übung auf Eigensuggestion. Legen Sie deshalb zwischen den einzelnen Stationen immer wieder Pausen zum Nachspüren ein. Falls sich bei Ihnen nicht gleich ein Gefühl der Wärme, Schwere und Entspannung einstellen sollte, ist das nicht weiter tragisch, da die Übung schon allein durch die Wahrnehmung, die Sie auf die einzelnen Körperbereiche lenken, funktioniert.

Legen Sie sich entspannt auf den Rücken. Ihre Füße sind etwa hüftbreit geöffnet und fallen locker nach außen. Ihre Arme liegen neben dem Körper, die Handflächen sind nach oben gerichtet. Schließen Sie die Augen und atmen Sie sanft und tief in den Unterbauch. Richten Sie dann Ihre Aufmerksamkeit auf Ihre Füße. Spüren Sie Ihre Zehen ... die Fußgewölbe ... die Fersen ... die Fußgelenke. Spüren Sie beide Füße und sagen Sie sich innerlich die Worte: »Meine Füße sind warm ... schwer ... entspannt«.

Wandern Sie mit Ihrer Aufmerksamkeit weiter: Unterschenkel ... Knie ... Oberschenkel ... beide Füße und Beine sind warm ... schwer ... entspannt. Gehen Sie weiter nach oben: die Hüften ... die Hüftgelenke ... das Becken ... der untere Rücken ... der mittlere Rücken ... der obere Rücken ... die Schulterblätter ... der Raum zwischen den Schulterblättern ... der ganze Rücken ist ... warm ... schwer ... entspannt.

Spüren Sie den Bauch ... den Bauchnabel ... den Brustkorb ... alles ist angenehm warm ... schwer ... entspannt.

Gehen Sie über die Schlüsselbeine zu den Schultern: die Schultergelenke ... die Oberarme ... die Ellenbogen ... die Handgelenke ... die Hände ... jeder einzelne Finger ... alles ist warm ... schwer ... entspannt.

Fühlen Sie den Hals ... den Nacken ... den Kopf ... die Kopfhaut ... jede einzelne Haarwurzel ... der gesamte Kopf ist warm ... schwer ... entspannt. Die Stirn ... die Augenbrauen ... die Augen ... die Muskulatur rund um die Augen ... die Schläfen ... die Wangen ... die Ohren ... die Nase ... der Mund ...das Kinn ... der Unterkiefer ... alles ist warm ... schwer ... entspannt.

Spüren Sie nun in Ihren ganzen Körper hinein. Er ist schwer ... warm ...

entspannt. Sagen Sie sich nun »Ich entspanne meine Gedanken ... Ich entspanne meine Gefühle ... Ich bin vollkommen entspannt. Mit jedem Ausatmen sinke ich tiefer ... tiefer ... und noch tiefer in die wohlige Entspannung hinein.«

Wenn Sie die Körperreise tagsüber machen, dann beenden Sie die Übung, indem Sie zuerst Ihre Finger und Zehen sanft bewegen und sich dann ausgiebig rekeln. Und um sicherzugehen, dass Sie auch wirklich wieder ganz wach sind, kneten Sie einige Male Ihre Hände kräftig durch.

Stille Sitzmeditation

Bei der stillen Sitzmeditation lernen Sie, Ihre Gedanken zu beobachten und Abstand zu den Geschehnissen und Ereignissen des täglichen Lebens zu erlangen. Doch auch bei der Meditation wollen uns unsere Gedanken meist nicht in Ruhe lassen. Wenn sich also Ihre Sorgen, Ängste und Träume in der stillen Meditation anfangs aufdringlicher denn je zu Wort melden, dann kämpfen Sie nicht gegen sie an, sondern begegnen Sie ihnen mit Abstand: »Nicht fliehen und nicht folgen«, heißt es so treffend. Es geht darum, die Dinge so wahrzunehmen wie sie sind, ohne sie schönzufärben, aufzubauschen, abzuschwächen oder zu verdrängen. Regelmäßige stille Meditation ist eine Reinigungsübung für Ihr Innenleben. Sie gibt Ihnen die Möglichkeit zu erfahren, dass Sie mehr sind als Ihr Körper, Ihre Gedanken und Emotionen. Meditation ist wie ein Tor, das uns mit viel feineren Schwingungsebenen in Verbindung bringt als es uns mit unserem Alltagsbewusstsein möglich ist. Sie lernen dabei, nicht nur Ihren eigenen Pulsschlag wahrzunehmen, sondern auch »den Pulsschlag des Universums«, wie es einmal ein Zen-Lehrer beschrieben hat.

Die stille Meditation gilt als die Königsdisziplin unter den mentalen Übungen. Das liegt zum einen daran, dass der Geist mit nichts anderem beschäftigt ist als mit sich selbst, zum anderen fällt es vielen Menschen anfangs schwer, regungslos einige Zeit im Meditationssitz zu verharren. Der Rücken, die Knie und Beine machen sich häufig schon nach kurzer Zeit bemerkbar. Aus diesem Grund werden Ihnen nun zwei unterschiedliche Varianten der Sitzhaltung angeboten. Wenn Sie die klassische Meditationshaltung einnehmen, legen Sie zur Unterstützung ein etwas dickeres, robustes Kissen unter Ihr Gesäß.

Verschränken Sie die Beine und richten Sie Ihre Wirbelsäule vom Becken ausgehend gerade nach oben auf. Stellen Sie sich dabei vor, Sie schieben mit dem Scheitel den Himmel nach oben, während Sie gleichzeitig mit dem Becken auf dem Kissen fest verwurzelt sind. Formen Sie Ihre Hände zur »Mudra zur inneren Sammlung« (siehe Abbildung 19, Seite 77), und legen Sie sie in den Schoß oder auf die Oberschenkel. Alternativ zur klassischen Meditationshaltung können Sie sich auch aufrecht auf einen Stuhl setzen. Beginnen Sie mit kurzen Meditationseinheiten, zu Beginn reichen fünf bis zehn Minuten, abends oder morgens.

Schließen Sie die Augen und werden Sie sich Ihres Körpers bewusst: der Haut ... der Muskeln ... der Knochen ... der Gelenke ... der Organe ... jeder Körperzelle.

Achten Sie dann auf den Strom Ihrer Atmung. Atmen Sie sanft und tief in den Unterbauch. Spüren Sie Ihren Atem. Vielleicht nehmen Sie gleichzeitig ein feines Strömen und Fließen wahr. Ihren Blutstrom vielleicht oder die feinen Schwingungen der Lebensenergie in Ihnen.

Beobachten Sie nun Ihre Gedanken und Ihre Gefühle. Lassen Sie alle Gedanken und Gefühle wie weiße Wolken am blauen Himmel auftauchen, verweilen und vorüberziehen. Registrieren Sie alles ohne Wertung. Als ganz neutraler Beobachter betrachten Sie auf der Leinwand Ihres Bewusstseins alles, was kommt, und lassen es wieder gehen, ohne daran festzu-

halten. *Wenn Sie feststellen, dass Sie sich in einen Gedanken oder ein Gefühl »verstricken«, kehren Sie zur Beobachtung Ihres Atems zurück.*

Üben Sie sich in der Haltung des neutralen Beobachters. Sie werden feststellen, dass es Lücken zwischen den Wolken Ihrer Gedanken gibt. Diese Lücken bringen Sie in Verbindung mit tiefer Stille.

In die Ferne lauschen

Wenn Sie geistig heißgelaufen sind und ein bisschen Abstand zum Strom Ihrer Gedanken gewinnen möchten oder einfach nur eine mentale Erfrischung brauchen, dann probieren Sie folgende Übung.

Nehmen Sie eine bequeme aufrechte Sitzhaltung ein oder legen Sie sich entspannt auf eine Unterlage, und schließen Sie die Augen. Atmen Sie einige Male tief durch, und richten Sie Ihre Konzentration auf die Geräusche in Ihrer Umgebung.

Achten Sie zunächst auf die Geräusche Ihrer nahen Umgebung, dem Zimmer, in dem Sie sich befinden. Vielleicht hören Sie das Ticken einer Uhr oder das Rauschen der Heizung. Hören Sie genau hin. Registrieren Sie jedes noch so leise Geräusch aus einer neutralen Beobachterposition heraus. Lenken Sie Ihre Aufmerksamkeit von einem Geräusch zum anderen.

Dehnen Sie dann, ohne über den Ursprung der Geräusche nachzudenken, Ihre Wahrnehmung auf die umliegenden Räume aus. Ihre Ohren sind wie zwei sensible Antennen, die selbst das leiseste Geräusch registrieren.

Gehen Sie dann weiter zu den Geräuschen außerhalb des Gebäudes. Vielleicht nehmen Sie den Verkehr draußen auf der Straße wahr, oder eine S-Bahn, die in der Ferne vorüberfährt, das Zwitschern von Vögeln, ein Flugzeug hoch oben am Himmel ...

Spitzen Sie Ihre Ohren, und lauschen Sie in den unendlichen Raum hinein. Stellen Sie sich vor, Sie wären ein Wesen von einem anderen Stern, das zum allerersten Mal ganz gebannt und interessiert den Geräuschen dieses Planeten lauscht. Lenken Sie Ihre gesamte Aufmerksamkeit darauf. Nachdem Sie in Ruhe alle Klänge, Töne und Laute in Ihrer Umgebung registriert haben, ziehen Sie Ihre Aufmerksamkeit wieder zurück. Achten Sie nun auf Ihren eigenen inneren Ton. Vielleicht hören Sie zunächst Ihren Atem, den Herzschlag. Lauschen Sie nach innen. Vielleicht nehmen Sie auch einen ganz eigenen Ton wahr, eine Art innere Melodie. Hören Sie dieser eine Weile zu, bevor Sie langsam wieder die Augen öffnen.

Auf das dritte Auge konzentrieren

Der Punkt an der Nasenwurzel, zwischen den Augenbrauen, wird auch als das dritte Auge bezeichnet. Aus fernöstlicher Sichtweise befindet sich hier ein Energiezentrum, das die Verbindung zu unserer Intuition und höheren Intelligenz herstellt. Wenn die Aufmerksamkeit auf das dritte Auge fixiert ist, strömt Bewusstseinsenergie in dieses Zentrum, und das visionäre Erleben wird stimuliert. Man sagt, die Konzentration auf diesen Punkt fördert die Sicht nach innen und die Hellsicht. Wenn Sie zerstreut, verwirrt oder unentschlossen sind, kann es hilfreich sein, sich auf diesen Punkt zu konzentrieren. Eingebungen, die scheinbar aus dem Nichts kommen, sind meist die Folge der Konzentration auf dieses Zentrum. Je öfter Sie diese Übung praktizieren, desto feiner werden Ihre Intuition und Ihr Gespür für das, was Ihnen guttut oder für die Dinge, die gerade anstehen.

Es gibt verschiedene Varianten, sich auf das dritte Auge zu konzentrieren. Probieren Sie alle aus, und entscheiden Sie sich dann für die Form, die Ihnen am meisten zusagt. Alle Variationen werden im Sitzen oder im Liegen mit geschlossenen Augen praktiziert.

Richten Sie Ihre Aufmerksamkeit auf den Punkt zwischen den Augenbrauen. Atmen Sie gleichmäßig durch die Nase ein und aus, und visualisieren Sie dabei das Dreieck, bestehend aus Ihren Nasenöffnungen und der Nasenwurzel. Konzentrieren Sie sich auf den Punkt, an dem die beiden Atemströme zusammenfließen, und halten Sie Ihre Aufmerksamkeit dort. Hier befindet sich das dritte Auge. Manche Menschen spüren diesen Punkt genau über der Nasenwurzel, andere etwas höher. Erfühlen Sie, wo dieser Bereich bei Ihnen liegt. Atmen Sie in Ihrer Vorstellung nun durch das dritte Auge ein und wieder aus. Sie können dem Atem dabei eine Farbe geben. Helles, klares oder goldenes Licht beispielsweise, dass Sie mit Ihrer Intuition verbindet. Bleiben Sie jedoch in einer absichtslosen, gelassenen inneren Haltung.

Stellen Sie sich vor, Ihre Stirn wäre eine Kinoleinwand, und Sie selbst schauen von ganz hinten, vom Hinterkopf her, auf diese Leinwand. In der Mitte der Leinwand, auf Höhe des Augenbrauenzentrums, stellen Sie sich eine Kerzenflamme vor, die ganz ruhig brennt. Sie können sich alternativ auch eine Sonne vorstellen, die langsam aufgeht, oder einen spiegelglatten See. Wählen Sie das Bild, das Ihnen am meisten zusagt, und betrachten Sie es dann eine Weile.

Wenn Sie einen guten Zugang zu Farben haben, dann visualisieren Sie die Farbe Violett im Bereich des dritten Auges. Aus spiritueller Sicht gilt Violett als die Heilfarbe des Geistes. Durch das Visualisieren dieser Farbe soll die Innenschau unterstützt werden. Sie stärkt die Hirnaktivität und fördert den Schwingungsaustausch zwischen beiden Gehirnhälften.

Bilder visualisieren

Das Gehirn kann zwischen echten und vorgestellten Bildern nicht unterscheiden. Auf dieser Tatsache basiert die Wirkung von Visualisierungsübungen. Sie können das leicht überprüfen, indem Sie sich etwas vorstellen, das Ihnen gut schmeckt. Vielleicht eine Schüssel reifer, süßer und saftiger Erdbeeren mit Schlagsahne. Riechen Sie den Duft des frischen Obstes? Läuft Ihnen schon das Wasser im Munde zusammen? Nun denken Sie an etwas richtig Ekelhaftes. Erbrochenes, direkt vor Ihrer Haustür zum Beispiel. Man sieht noch Stücke unzerkauter Currywurst, und der Geruch erst und die Farbe! Bekommen Sie gerade eine Gänsehaut vor lauter Ekel?

Wenn Sie sich im Geiste Bilder vorstellen, die Ihnen Kraft geben, und das Gefühl von Ruhe und wohliger Gelassenheit hervorrufen, dann reagiert Ihr Körper entsprechend. Sicher haben Sie viele eigene Bilder, die Sie sich ins Gedächtnis rufen können – vielleicht Urlaubserinnerungen. Oder aber Sie arbeiten mit den in dieser Übung vorgestellten Bildern. Die Bilder haben keinen Zusammenhang, sie erzählen keine Geschichte. Lassen Sie die Bilder einzeln auf sich wirken. Ihre rechte Gehirnhälfte mit dem bildhaften, assoziativen Denken wird dabei besonders angesprochen. Für viele, vor allem für sehr rational denkende Menschen, ist das Visualisieren ein hervorragender Ausgleich, da es die Verbindung zur emotionalen Seite herstellt.

Sie können sich diese Übung mehrmals durchzulesen und sich einprägen oder Sie sprechen den Anleitungstext auf eine Kassette/ CD und hören sich diese dann in Ruhe an.

Nehmen Sie eine bequeme aufrechte Sitzhaltung ein (oder legen Sie sich entspannt auf eine Unterlage), und schließen Sie die Augen. Machen Sie einige tiefe Atemzüge, und lassen Sie mit dem Ausatmen alles los, was Sie momentan belastet. Wandern Sie im Geiste durch Ihren Körper. Beginnen Sie bei den Füßen, und enden Sie am Kopf. Registrieren Sie dabei, wie sich jeder einzelne Körperbereich anfühlt.

Richten Sie nun Ihre Konzentration auf die Stirnmitte. Stellen Sie sich vor, Sie schauen vom Hinterkopf aus nach vorn in Richtung Stirn, so als ob die Stirn eine Kinoleinwand wäre. In die Mitte dieser Leinwand projizieren Sie nun folgende Bilder – und öffnen zudem Ihre anderen Sinne: eine lange, gewundene Treppe, die nach unten führt, eine Frühlingswiese, den Duft von frisch gemähtem Gras, einen weißen, endlosen Sandstrand, Wolken, die am Himmel vorüberziehen, die Melodie einer Flöte, einen schneebedeckten Berggipfel, das weite, endlose Meer, einen Sonnenaufgang, eine kleine Hütte im Wald, den Duft von frisch gebackenem Apfelkuchen, ein galoppierendes Pferd, lachende Kinder, im Sonnenlicht tanzende Staubteilchen, den Klang von Glocken, Meereswogen, den Sternenhimmel, ein Lagerfeuer, ein tanzendes Liebespaar, den Duft von frisch gemahlenem Kaffee, einen Vulkanausbruch, einen Eisberg, eine klare Vollmondnacht, den sternenbedeckten Himmel, einen sprudelnden Gebirgsbach, einen Regenbogen, ein Kornfeld im Wind, Seerosen auf einem Teich, einen Vogelschwarm hoch oben am Himmel, einen spiegelglatten See, den endlosen blauen Himmel, unendliche Weite.

Bleiben Sie noch für einen Moment still sitzen oder liegen, bevor Sie langsam wieder die Augen öffnen.

Farbmeditation I

Bei dieser Übung können Sie das Erleben, Visualisieren und Erfühlen von Farben ganz nach Ihrem momentanen Bedarf einsetzen: Wenn Sie Durchsetzungskraft, Erdung und Antrieb stärken möchten, visualisieren Sie die Farbe Rot. Wenn Sie Lebensfreude und Optimismus brauchen, arbeiten Sie mit Orange. Ihre Konzentration und Wahrnehmungsfähigkeit stärken Sie mit Gelb. Grün vermittelt Ihnen Vertrauen und Zufriedenheit. Blau verhilft Ihnen zu Klarheit und innerer Ruhe. Violett wirkt entspannend und unterstützt die Innenschau. Sie können natürlich auch alle Farben nacheinander visualisieren. Das hat einen harmonisierenden Effekt auf alle Bereiche Ihres mentalen, geistigen und körperlichen Erlebens.

Sprechen Sie die folgende Anleitung auf eine Kassette beziehungsweise CD, oder prägen Sie sie sich ein. Der Text gilt für alle Farben, auch wenn in der folgenden Übung die Farbe Blau genannt wird. Ersetzen Sie sie einfach durch Ihre von Ihnen gewählte Farbe.

Nehmen Sie eine bequeme aufrechte Sitzhaltung ein (oder legen Sie sich entspannt auf eine Unterlage), und schließen Sie die Augen. Machen Sie einige tiefe Atemzüge, und lassen Sie mit der Ausatmung alles los, was Sie momentan belastet.

Stellen Sie sich nun ein herrlich strahlendes Blau (oder die Farbe Ihrer Wahl) vor. Atmen Sie dieses Blau in Ihrer Vorstellung ein, saugen Sie es mit jeder Pore auf. Baden Sie darin. Vielleicht entsteht ein Bild in Ihnen, das Sie bei der Vorstellung der Farbe unterstützt: ein See, das Meer, der Himmel (eine grüne Wiese, eine strahlende gelbe Sonne, ein Stück rubinroter Samt ...). Stellen Sie sich vor, wie Ihr ganzer Körper von diesem strahlenden Blau durchdrungen ist. Sehen Sie es? Wie fühlt sich das an? Oder können Sie es riechen? Nehmen Sie den wundervollen und einzigartigen Geschmack dieser Farbe wahr? Hören Sie die Farbe? Welche Melodie verbinden Sie mit Blau?

Achten Sie jetzt darauf, wie Ihr Atem ein- und ausströmt. Nehmen Sie mit jedem Atemzug die Farbe Blau in sich auf, und lassen Sie sie bei jedem Atemzug aus sich herausströmen.

Achten Sie auf die Bilder, die im Zusammenhang mit der Farbe in Ihnen emporsteigen. Lassen Sie die Farbe in aller Ruhe auf sich wirken, und verbinden Sie sich mit den für Sie positivsten Eigenschaften dieser Farbe. Fühlen Sie den Raum, die Weite, die Klarheit, die Blau in sich trägt.

Exkurs: Die Kraft der Farben

Farben beeinflussen unsere Stimmung und wirken auf unseren Gemütszustand. Schon die alten Kulturvölker wussten um die Bedeutung der Farben. Auch Goethe, als Universalgelehrter, beschäftigte sich neben der Literatur mit der Farbenlehre und deren Grundlage in Bezug auf die energetischen Wirkungen wie warm, kalt, anregend, sanft, beruhigend ... Diese Erkenntnisse finden auch heute noch in der Farbtherapie Anwendung. Insbesondere Künstler, Architekten, Psychologen, Werbefachleute und Modedesigner wissen um den dominierenden Einfluss der Farben und arbeiten damit.

Das Visualisieren von Farben ist eine ausgezeichnete Methode, um bestimmte energetische Wirkungen zu erreichen. Je nachdem, welche Farbe Sie sich vorstellen, können Sie entweder Ihren Energiepegel erhöhen oder nervösen Stimmungslagen entgegenwirken.

Die Farbe *Rot* ist die Farbe des Feuers und des Blutes. Sie ist die Farbe der Kraft, der Leidenschaft, der Vitalität, des Antriebs und der Energie. Sie gilt auch als die Farbe der Macht, des Kampfes und der Aggression. Die Farbe Rot gibt uns Energie, sie hat eine erhitzende und wärmende Wirkung. Rot können Sie dann einsetzen, wenn Ihre Lebenskräfte geschwächt sind. Es erhöht den Energiepegel, regt alle Vorgänge im Körper an und stimuliert den Stoffwechsel sowie das Nervensystem. Auf emotionaler Ebene steigert Rot die Sinnlichkeit und den Ausdruck ungehemmter Leidenschaft. Mental unterstützt Rot einen starken Willen und die Durchhaltekraft.

Orange ist die Farbe der untergehenden Sonne. Durch den Gelbanteil ist es heiterer und sanfter als Rot. Orange ist die Symbolfarbe für Lebensfreude und Optimismus. Es drückt vitale Stärke und Aktivität aus, ist aber nicht so leidenschaftlich wie Rot. Orange erzeugt ein Gefühl von Wärme, Geborgenheit und Gemütlichkeit. Depressive Verstimmungen und Antriebsarmut werden durch die fröhliche Wirkung von Orange gelindert. Man schreibt Orange die Eigenschaften der Jugend zu: Mut, Wissensdrang Lebenslust und Unbekümmertheit. Wegen seiner anregenden Wirkung fördert Orange Kreativität und Ideenreichtum.

Die Farbe *Gelb* ist die Farbe der Sonne. Sie vermittelt Licht, Heiterkeit und Freude, steht aber auch für Wissen, Weisheit, Vernunft, Logik, Konzentration und Nervenkraft. Gelb gilt als die Farbe des Denkens und des Fühlens. Gelb ist dem Weiß des Lichts besonders nah. Es fördert geistige Offenheit und eine optimistische Einstellung. Gelb hilft, die Dinge des Lebens leicht zu nehmen, wirkt antidepressiv, stärkt das Nervensystem und hilft bei Anspannung. Es verbessert die Konzentration und die Wahrnehmungsfähigkeit und wirkt beruhigend auf die Emotionen.

Die Farbe *Grün* ist eine Mischung aus Blau und Gelb und steht für Ausgleich und Harmonie. Aus spiritueller Sicht ist Grün die Farbe des Herzens. Sie fördert Eigenschaften wie Vertrauen, Hilfsbereitschaft, Toleranz und Zufriedenheit. Grün ist die Farbe der Wiesen und der Wälder. Sie steht für Erneuerung des Lebens und gibt Energie und Beständigkeit. Grün vermittelt den Augen Ruhe und Erholung, denn der Blick ins Grüne ist immer entspannend. Grün beruhigt die Nerven und das Herz. Es senkt den Blutdruck und hilft gegen Stress, Anspannung und Ermüdung.

Die Farbe *Blau* ist die Farbe des Himmels, des Wassers, der Weite und des Raums. Blau symbolisiert die Ferne, es ist auch die Farbe der Distanz und hilft uns Abstand zu finden. Blau steht für Frische und Klarheit und im übertragenen Sinn auch für Klärung. Blau ist eine kühlende Farbe und vermittelt eine ausgleichende Energie. Blau ist beruhigend und entspannend und hilft, nervös bedingten Verspannungen zu lösen. Blau ist die Farbe der Sehnsucht und unterstützt den Zustand des Träumens.

Die Farbe *Violett* ist eine Mischung aus Rot und Blau. Violett werden schmerzstillende, heilende Eigenschaften zugesprochen. Es hilft bei Spannungskopfschmerz, Migräne und bei Schlafstörungen. Violett ist die Farbe der Inspiration, der Spiritualität und der Religion und steht gleichzeitig für das Magische, die Mystik, das Geheimnisvolle. In der Meditationspraxis unterstützt Violett die Innenschau und lädt dazu ein, über die Natur, das Universum und die Schöpfung nachzudenken.

Farbmeditation II

Diese Übung bringt Sie in Kontakt mit den feinstofflichen Energiezentren entlang Ihrer Wirbelsäule, die als Chakras bezeichnet werden. In allen mystischen Traditionen existiert übereinstimmend ein Wissen um diese Energiezentren. Chakra bedeutet Rad oder Energiewirbel. Es gibt sieben Haupt- und zahlreiche Nebenchakras. Jedes Chakra steht mit bestimmten Aspekten des Lebens in Verbindung. Das Wurzelchakra, welches sich im Bereich des Beckenbodens befindet, steht für die Beziehung zur materiellen Welt. Die Art und Weise, wie wir in unserem Leben stehen, hängt mit diesem Zentrum zusammen. Das Sexualchakra befindet sich im Bereich der Blasengegend, es steht für Sinnlichkeit, Erotik, Kreativität und wird auch als treibende Kraft oder Seele interpretiert. Das Solarplexuschakra über dem Bauchnabel auf Magenhöhe steht für Macht, Willenskraft und die Entfaltung der Persönlichkeit. Das Herzchakra in der Mitte des Brustkorbes ist der Sitz des Gefühls, der bedingungslosen Liebe, der Hingabefähigkeit und des Mitgefühls. Das Kehlkopfchakra bezieht sich auf verbale und nonverbale Kommunikation. Das Stirnchakra, auch drittes Auge genannt, verbindet uns mit den höheren Erkenntnisebenen, mit unserer Intuition und Geisteskraft. Das Kronenchakra auf dem Scheitelpunkt des Kopfes bringt uns in Verbindung mit den höheren Ebenen des Seins, es steht für spirituellen Wachstum, für die ewige Wahrheit.

Sollten Sie innerlich keinen Zugang zu dieser Sichtweise haben, so vertrauen Sie darauf, dass die folgende Entspannungsreise ihre Wirkung allein schon dadurch entfaltet, dass Sie sich auf die genannten Körperregionen konzentrieren und die entsprechenden Farben in diesen Bereichen visualisieren. Gehen Sie mit einer entspannten inneren Haltung und ohne Erwartungsdruck in diese Übung. Einige Körperbereiche werden deutlicher spürbar sein als andere.

Nehmen Sie eine bequeme Rückenlage ein, schließen Sie Ihre Augen, und lassen Sie den Atem tief und entspannt fließen.

Richten Sie Ihre Konzentration auf den Beckenbodenbereich an der Basis Ihrer Wirbelsäule. Spüren Sie mit Ihrem Atem in diesen Bereich, und lassen Sie eine wohlige Durchblutung und das Gefühl von Wärme und Kraft zu. Registrieren Sie, wie Ihr Becken ein tiefes kräftiges Rot ausstrahlt, und lassen Sie das Rot sich bis in Ihre Beine und Füße ausdehnen. Spüren Sie, wie das Blut in Ihren Adern fließt, fühlen Sie die aktivierende Energie der Farbe Rot, die wärmende Wirkung, die Kraft und das Gefühl, geerdet zu sein.

Nun lenken Sie Ihre Wahrnehmung ein wenig höher in den Unterbauch. Schicken Sie Ihren Atem dorthin, und lassen Sie ihn eine Weile kreisen, um alle Verspannungen zu lösen. Visualisieren Sie nun vor Ihrem inneren Auge ein leuchtendes Orange, und fühlen Sie die anregende und zugleich heitere Stärke dieser Farbe. Lassen Sie Ihren gesamten Unterbauch orange leuchten.

Jetzt erfassen Sie die Organe des Oberbauchs im Solarplexusbereich. Lassen Sie den Atem dort kreisen und ein leuchtendes Gelb entstehen, von dem alle Organe um den Solarplexus herum mit Energie versorgt werden. Spüren Sie das strahlende Licht der Sonne. Nehmen Sie so viel Sonnenenergie auf, wie Sie benötigen.

Im Anschluss daran fühlen Sie sich in Ihr Herzzentrum ein und tauchen Ihren Brustkorb in ein tiefes, sattes Grün, das Grün der Natur auf dem Höhepunkt seiner Kraft. Es dringt in alle Organe Ihres Brustkorbs ein, stärkt Sie und öffnet Ihr Inneres für Liebe, Mitgefühl und Vertrauen.

Tauchen Sie dann Ihren Hals und Ihren Kehlkopfbereich in ein strahlend helles Blau. Geben Sie auch diesem Bereich die Möglichkeit, sich zu entspannen. Das Blau durchströmt Ihren Hals, und Sie empfinden tiefe Ruhe und Entspannung. Machen Sie sich gleichzeitig bewusst, dass Sie nichts herunterschlucken müssen, Sie können alles herauslassen.

Über die gesamte Stirn, von der Nasenwurzel ausgehend, spüren Sie nun die beruhigende Kraft der Farbe Violett. Es gestattet Ihnen, tiefe Ruhe zu empfangen und über den Dingen zu stehen.

Auf der Krone Ihres Kopfes, vom Scheitelpunkt ausgehend, spüren Sie ein reines, klares, leuchtendes Weiß. Entspannen Sie Ihre Kopfhaut, und entlassen Sie dabei alle Gedanken, bewusste wie unbewusste. Öffnen Sie sich für das reinigende Licht der Farbe Weiß.

Wandern Sie abschließend wieder Ihren Körper hinab, und lassen Sie dabei ohne Ihr Zutun Farben entstehen. Registrieren Sie, welche Farben Ihnen besonders angenehm sind, zu welchen Sie sich hingezogen fühlen. Gönnen Sie sich noch einige Minuten der Ruhe, bis Sie sich recken und strecken wie nach einem erholsamen Schlaf.

Die Lichtdusche

Die Lichtdusche hilft Ihnen, wenn Sie sich müde, ausgelaugt oder verspannt fühlen. Sie können diese Übung entweder in Ruhe zu Hause machen, oder – wenn Sie gerade Licht und Helligkeit benötigen – auch an jedem anderen Ort.

Nehmen Sie stehend oder sitzend eine aufrechte Haltung ein (oder legen Sie sich entspannt auf eine Unterlage), und schließen Sie die Augen. Machen Sie einige tiefe Atemzüge, und atmen Sie alles aus, was Sie momentan belastet.

Stellen Sie sich vor, Sie stehen unter einer Dusche, doch statt Wasser fließt strahlendes, helles, reinigendes Licht über Ihren Scheitelpunkt in den Körper. Es fließt über die Krone Ihres Kopfes in den Hals, die Schultern, die Arme hinunter bis zu den Händen und strömt an den Fingerspitzen wieder aus Ihnen heraus. Es durchströmt den Rumpf, das Becken, die Beine und fließt an den Zehen wieder heraus. Alles Verspannte, Müde, Dunkle oder Enge strömt zusammen mit dem Licht aus Ihrem Körper. Stellen Sie sich vor, wie Sie von innen heraus immer heller werden, Sie leuchten und strahlen umso intensiver, je mehr Licht durch Ihren Körper flutet.

Aura kreieren

In ganzheitlichen oder philosophischen Systemen meint Aura eine Lichthülle oder einen Energiekörper, der alle Lebewesen umgibt. So sagt man manchen Menschen zum Beispiel eine geheimnisvolle Aura nach. Versuchen Sie einmal in Ihrer Fantasie, Ihre eigene Aura zu kreieren. Wenn Ihnen Menschen zu sehr auf den Leib rücken oder Sie sich von negativen Energien oder Schwingungen anderer abgrenzen möchten, ist es hilfreich, in der eigenen Vorstellung eine Schutzhülle zu visualisieren. Nicht im Sinne von Festung oder Panzer, sondern als Energiefeld, das Sie selbst und andere friedlich und harmonisch stimmt.

Schließen Sie die Augen, und stellen Sie sich vor, Sie umgibt eine hellblaue Aura, ein Energiefeld, das sich von Ihrem Körper aus einige Meter in den Raum hinein ausdehnt. Hellblau steht für Balance, Stärke, Frieden und Harmonie. Nehmen Sie sich einige Minuten Zeit, und laden Sie dieses Energiefeld mit Ihren positiven Gedanken und Empfindungen auf. Spüren Sie die energetische Wirkung der zartblauen Farbe mit Ihrer ganzen inneren Überzeugung. Im Laufe des Tages können Sie sich immer wieder durch das Erinnern an Ihre Aura energetisch aufladen. Dies kann besonders hilfreich sein, wenn Sie viel in der Öffentlichkeit und damit energieraubenden Einflüssen ausgesetzt sind.

Schwamm ausdrücken

Diese Visualisierung eignet sich besonders, wenn Ihnen der »Kopf brummt«, wenn Sie innerlich Abstand zu äußeren Ereignissen brauchen.

Schließen Sie die Augen, und stellen Sie sich einen großen Schwamm vor, der auf Ihrem Kopf liegt und mit einer wohlduftenden, warmen Flüssigkeit getränkt ist.

Spüren Sie, wie diese wohlig warme Flüssigkeit nun nach und nach, langsam und sehr sachte Ihren Körper bis zu den Fußsohlen hinabströmt, jede Pore füllend, alles Negative fortspülend. Von den Füßen aus lassen Sie nun die wohlig warme Flüssigkeit langsam wieder aufsteigen bis hinauf zum Kopf. Das können Sie mehrmals wiederholen, bis Sie sich innerlich und äußerlich gereinigt und frisch fühlen.

»Den einen Punkt halten«

Diese mentale Übung ist Bestandteil des japanischen Aikido. Dort geht man davon aus, dass wir mit unserem Bewusstsein auch unseren Körper beeinflussen können. Die Übungen sind im Grunde eine Kombination aus Zen und autogenem Training und unterstützen die innere Balance.

Schließen Sie die Augen, und konzentrieren Sie sich auf Ihren Unterbauch, etwa zwei Zentimeter unterhalb des Bauchnabels. Stellen Sie sich dort einen winzigen Punkt vor, und versuchen Sie, sich auf diesen einen Punkt zu konzentrieren und die Konzentration zu halten.

Halten Sie die Konzentration auch, wenn Sie sich bewegen und aktiv sind. Nehmen Sie sich eine leichte, nicht zu schwierige Aktivität vor. Entspannen Sie dabei Ihren Oberkörper (vor allem die Schultern), und versuchen Sie, die Konzentration auf den Punkt beizubehalten. Seien Sie sich des Punktes bei allem, was Sie tun, bewusst. Stellen sich vor, wie die Qi-Kraft durch Ihren Körper strömt.

Vokalraumübung

Die Vokalraumübung wirkt ganz allgemein beruhigend und zugleich stimmungsaufhellend. Mentale und körperliche Verspannungen werden durch das Anstimmen der Vokale gelöst. Wenn Sie Ihre Stimme in der Regel nur zum Sprechen einsetzen, erscheint es Ihnen anfangs vielleicht etwas komisch, auf einmal Vokale zu singen. Machen Sie die Übung deshalb dort, wo Sie ungestört sind. Oder Sie führen die Übung gleich zusammen mit Ihren Kollegen, Freunden oder der Familie durch.

Lockern Sie Ihre Kleidung, damit Sie Raum für einen tiefen Atem haben.
Schließen Sie die Augen und atmen Sie tief in Bauch- und Brustraum.
Beim Ausatmen lassen Sie ein lang gezogenes »AAAAAHHH« erklingen.
Wiederholen Sie das fünf Mal und achten Sie dabei auf die Empfindungen in Ihrem Körper und auf das Gefühl, das dieser Ton in Ihnen auslöst.
Lassen Sie sich einige Atemzüge Zeit zum Nachfühlen, und stimmen Sie dann jeweils fünf Mal ein »EEEEEHHHHH«, ein »IIIIIIIHHHHH«, ein »OOOO-OHHHHH« und ein »UUUUUUHHHH« an.

Exkurs: Klangenergien nutzen

In allen Kulturen ist das Singen oder Rezitieren von Texten oder Liedern gebräuchlich. Töne sind Klangenergien, deren Schwingungen auf Körper und Geist wirken. Sie können beruhigen, zentrieren, einstimmen, anregen und uns mental für andere Ebenen des Erlebens öffnen.

So wird die Tonschwingung des Vokals »A« von den meisten Menschen als befreiend, lösend, öffnend und angenehm wohltuend empfunden. Das »A« ist besonders im Brust- und im Herzraum spürbar. Der Vokal »E« dagegen wird vor allem oberhalb des Halses und im Gesicht wahrgenommen. Er wird allgemein als heiter und erhellend empfunden. Der Vokal »I« wird meist oberhalb des Rachens im Kopf wahrgenommen und hat eine sehr helle, belebende Schwingung, die mitunter auch als klirrend oder spitz beschrieben wird. Der Vokal »O« breitet sich von der Körpermitte in den gesamten Bauchraum aus. Das »O« wird als weit, beruhigend und angenehm empfunden. Der Vokal »U« hat die tiefste Schwingung. Er wirkt dämpfend und beruhigend. Das »U« spüren Sie vor allem im Unterbauch und im Becken. Es lässt ein Gefühl von Beständigkeit und Ruhe aufkommen.

Summen

Das Summen ist ebenfalls eine wirkungsvolle Technik, um innerlich zur Ruhe zu kommen. Es hat eine enorm spannungslösende und befreiende Wirkung. Nicht ohne Grund summen Mütter ihre Babys in den Schlaf.

Nehmen Sie eine aufrechte Sitzhaltung ein, und schließen Sie die Augen. Atmen Sie tief in Ihren Unterbauch, und stimmen Sie beim Ausatmen einen langgezogenen »MMMMMHHHHHH«-Laut an. Je länger Sie summen, desto beruhigender ist die Wirkung.

Mantrasingen

Ein Mantra ist ein überlieferter mystischer Laut, der durch konzentrierte Wiederholungen starke Wirkungen hervorrufen kann. Ein Mantra kann genutzt werden, um innere Stille zu erlangen und sich zu zentrieren, um Blockaden aufzulösen oder die eigene (negative) Schwingung positiv zu erhöhen beziehungsweise zu verändern. Ein klassisches Mantra ist das »AUM«. Hier verbindet sich die öffnende und befreiende Wirkung des »A« mit der beruhigenden Wirkung des »U« und der sanften Schwingung des »M«.

Intonieren Sie beim Ausatmen die Silbe »AUM«. Stimmen Sie die Töne erst ein wenig geräuschvoller an, und verbinden Sie dabei das »A«, das »U«, und das »M« fließend miteinander. Wiederholen Sie das etwas 20 Mal und werden Sie dabei immer leiser. Lassen Sie danach noch eine Weile das Mantra in Ihrem Inneren weiterschwingen.

Schneeball formen

Diese kleine Übung können Sie jederzeit machen, wenn Ihnen alles zu viel wird, wenn störende Gedanken Sie von Ihrer Arbeit ablenken, wenn Sie genervt sind oder Sie einfach Ballast abwerfen wollen.

Öffnen Sie das Fenster.
Stellen Sie sich dann vor das Fenster, und formen Sie mit beiden Händen einen imaginären Schneeball.
Jeden Gedanken, alle störenden Empfindungen und Emotionen kneten Sie jetzt in diesen Ball. Die Absage vom Chef – rein damit. Ein wütender Kunde, der am Telefon ausfallend wurde – rein damit. Die griesgrämigen Kommentare Ihrer Kollegin – rein damit. Der Ärger über den am Morgen verpassten Bus – rein damit. Der Streit mit Ihrem Partner – rein damit. Der Unmut über sich selbst, weil Sie etwas Wichtiges vergessen haben – rein damit. Kneten Sie einfach alles in diesen Ball, was Sie momentan belastet.
Dann holen Sie weit aus und schleudern den Ball aus dem Fenster – und lassen damit all Ihren Ballast los.

Dankbarkeitsübung

In Situationen und Lebensphasen, in denen Zeitdruck, Hast, Konflikte oder Überlastung dominieren, neigen wir dazu, uns fortwährend zu beklagen. Diese inneren Monologe kreisen dann vorwiegend um die Miseren, Nöte und Einschränkungen, mit denen wir zu tun haben. Allzu leicht blenden wir dabei die schönen und angenehmen Momente des Lebens aus. Verstärkt wird das alles noch, wenn wir uns in einem Umfeld bewegen, in dem Klagen, Jammern und Beschweren einen großen Teil der Kommunikation ausmachen. Das wirkt ansteckend. Negative Gedanken und die dazugehörigen negativen Gefühle erzeugen entsprechende physiologische Abläufe (über Drüsensekrete und Neuropeptide im Gehirn), die wiederum weitere negative Gedanken und Gefühle auslösen. Das Reden über eine negative Situation, über Ärger und Frust aktiviert sofort auch die dazugehörigen negativen Gefühle, und zwar stärker als das Denken daran. Das bedeutet: Was immer wir an Output in die Welt setzen, ist gleichzeitig auch wieder Input für unsere inneren Prozesse. Ebenso verstärken sich gute Gedanken und Gefühle. Die Dankbarkeitsübung wird Sie dabei unterstützten, täglich aufs Neue kleine Höhepunkte und Glücksmomente zu erkennen und zu genießen. Machen Sie diese Übung mehrmals täglich, denken Sie so oft wie möglich an die Dinge in Ihrem Leben, für die Sie dankbar sind.

Als Unterstützung legen Sie sich eine Liste an, auf der Sie alle Dinge notieren, für die Sie dankbar sind. Denken Sie dabei besonders an die Kleinigkeiten: ein Spaziergang in der Natur, die erblühenden Pflanzen im Frühling, das Lächeln eines Kindes, eine erfolgreich beendete Arbeit.

Bedanken Sie sich für all die wunderbaren Momente, die Ihnen ein Gefühl der Zufriedenheit geben.

Bedanken sie sich bei allen Menschen, die Ihnen Gutes getan haben, auch wenn dies schon weit zurückliegt. Bringen Sie all jenen Wertschätzung entgegen, die für Ihr Leben bedeutsam sind oder waren.

Bedanken Sie sich bei sich selbst, zollen Sie sich selbst Anerkennung, und schätzen Sie sich selbst wert.

Kurswechsel

Ein japanisches Sprichwort lautet: »In einem Haus, in dem Freude lebt, zieht auch das Glück gern ein«. Der Umkehrschluss bedeutet dann, dass in einem Haus, wo Missmut und Unzufriedenheit regieren, das Pech gern einkehrt. Wenn unser Denken unaufhörlich um Themen und Dinge kreist, die wir ablehnen, ziehen wir sie noch mehr an. Wenn uns Stress und Überlastung so sehr im Griff haben, dass wir nur noch Getriebene unseres Lebens sind, dann ist es an der Zeit, einen gedanklichen Kurswechsel vorzunehmen.

Formulieren Sie, was Sie nicht (haben) wollen. Schreiben Sie alles kurz und präzise auf – und dann verschwenden Sie keinen Gedanken mehr daran. Haken Sie es für sich ab.

Nun formulieren Sie, was Sie stattdessen wollen. Was Sie sich wünschen, wovon Sie träumen, was Ihnen guttut, was Ihnen Kraft gibt. Machen Sie das so ausführlich wie möglich. Schwelgen Sie dabei in Details. Seien Sie an dieser Stelle nicht bescheiden. Wünschen Sie sich, was das Zeug hält! Machen Sie sich dabei keine Gedanken darüber, wie oder ob Sie das tatsächlich umsetzen können.

Stellen Sie sich dann vor, Sie hätten genau das, wovon Sie träumen. Lassen Sie die Gefühle, die damit verbunden sind, in sich aufsteigen. Fühlen Sie sich in Ihre Wunschsituation hinein, so oft es Ihnen möglich ist. Denken Sie dabei an das eingangs erwähnte japanische Sprichwort. Schaffen Sie sich innerlich die Basis, um die Dinge anzuziehen, die Ihnen wirklich wichtig sind.

Assoziationskarten

Das Ziehen einer Assoziationskarte kann Ihre Gedanken, besonders wenn sie fortwährend um ein bestimmtes Thema oder ein

Problem kreisen, wunderbar in neue und inspirierende Bahnen lenken. Diese Methode wird bei professionellen Coachings oft angewandt, um lösungsorientiertes Denken zu unterstützen. Eine nahezu identische Variante ist ein Kartendeck mit dem esoterisch klingenden Namen »Engelkarten«. Mit »Engeln oder Geistwesen« hat das Ganze jedoch nichts zu tun – es handelt sich um kleine Karten, die jeweils mit einem Begriff versehen sind, wie zum Beispiel Wandlung, Vertrauen, Schönheit, Kreativität, Mut oder Abenteuer. Sie können diese Übung allein machen, besonders interessant und anregend ist es, sie zusammen mit Freunden oder der Familie zu machen. Die Assoziations- oder Engelkarten können Sie in jeder Buchhandlung kaufen oder bestellen.

Breiten Sie alle Karten gut sichtbar und mit der Schrift nach unten auf einem Tisch oder auf dem Boden aus.
    Denken Sie an ein Thema, das Sie aktuell beschäftigt.
    Dann ziehen Sie beziehungsweise jeder, der mitmacht, eine Karte. Lassen Sie die Bedeutung der Karte auf sich wirken. Welche Assoziationen löst der Begriff bei Ihnen aus? Wie steht dieser Begriff in Verbindung zu Ihrem Thema? Welche Blickwinkel eröffnen sich durch den Begriff?

Tauschen Sie sich darüber mit Ihren Freunden oder Ihrer Familie aus. Oder schreiben Sie darüber. Mithilfe dieser einfachen Übung ergeben sich mitunter erstaunliche Perspektiven und Lösungen.

Anhang

Anhang

Die Übungsreihen im Überblick

Diese Übersicht ist als Soforthilfe gedacht, wenn Sie eine bestimmte Gefühls- oder Stimmungslage ausgleichen möchten. Selektieren Sie einfach anhand der Überschriften, und entscheiden Sie sich intuitiv für eine bis maximal drei der aufgelisteten Übungen. Nehmen Sie sich Zeit. Alles beginnt mit dem ersten Schritt. In der Ruhe liegt die Kraft!

Den Kopf frei machen

Tiefe, vollständige Bauchatmung	32
Innere Kraft und geistige Ausdauer – der lange Atem	35
Runterkommen und Abkühlen – die Mondatmung	41
Die Mitte spüren	50
Indoor Walking	52
Im Teich waten	53
Trippeln wie ein Boxer	53
Karate Kicks	53
Der Baum	61
Der schwebende Adler	62
Den Blick weit machen	99

Schüttelübung	118
Die Luftgitarre	118
Ausflippen und sich abreagieren	119
Ölmischung zur Entspannung	130
Fußbad gegen kalte Füße / Selbstmassage für die Füße	131
Aktivieren des »Powerhouse«	141
Die Körperreise	160
In die Ferne lauschen	164
Bilder visualisieren	166
Farbmeditation I	168
Lichtdusche	174
Schwamm ausdrücken	175
Vokalraumübung	176
Mantrasingen	178
Schneeball formen	179
Assoziationskarten	181

Verspannungen lösen

Tiefe, vollständige Bauchatmung	32
Innere Kraft und geistige Ausdauer – der lange Atem	35
Dem Atem Raum geben – Atem zählen	37
Die Katze	54
Sonnenenergie tanken	57
Seidenhandschuhmassage	64
Prickelfrisch durch Wasser	65
Die Hände durchkneten	69
Schulterkreise / Ellenbogenkreise / Armkreise	78

Die Übungsreihen im Überblick ■ **187**

Armstrecken vor dem Brustbein / Armstrecken über den Kopf 72
Kopfdrehen / Dehnen des Nackens 80
Das Gähnen 92
Der Löwe 92
Massage: Augensequenz 105
Massage: Die Stirn 108
Massage: Die Schläfen 110
Massage: Nase und Mund 111
Massage: Hals und Nacken 114
Progressive Muskelentspannung 120
Die Rückenwaage 122
Die Spirale 123
Mit den Hüften laufen 145
Rollen wie ein Ball 147
Farbmeditation I 168
Summen 178

Neue Energien tanken

Tiefe, vollständige Bauchatmung 32
Energie aktivieren – die Sonnenatmung 40
Die Mitte spüren 50
Der gähnende Hund 55
Sonnenenergie tanken 57
Der Office-Halbmond 85
Der Office-Drehsitz 86
Mudra zum Aktivieren des Gehirns 74
Mudra für Antrieb und Kreativität 76

Das innere Lächeln 93
Schmetterlingsflügel 96
Yoga-Augenübung 97
Das Finger-Tor 100
Kopfmassage 103
Ohrenmassage 104
Klopfmassage auf das Brustbein 115
Ölmischung zur Erfrischung 130
Auf das dritte Auge konzentrieren 165
Farbmeditation I 168
Dankbarkeitsübung 179
Kurswechsel 181

Dauerhaft frisch und entspannt

Tiefe, vollständige Bauchatmung 32
Innere Kraft und geistige Ausdauer – der lange Atem 35
Innere Balance finden – die Nasenwechselatmung 42
Geistige Klarheit erlangen – die gedankliche Wechselatmung 44
Stehen wie ein Fels in der Brandung 49
Sonnenenergie tanken 57
Das Pendel 60
Mudra zur inneren Sammlung 76
Die Office-Katze 83
Die Office-Tischhaltung 88
Die aufgehende Sonne 94
Eine liegende Acht malen 98
Den Blick schweifen lassen 100

Reinigungsübung für die Augen 102

Klopfen Sie sich frisch – Energiebahnen anregen 121

Dehnung und Mobilisierung der Beine und der Füße 125

Schulterbrücke 127

Ölmischung zur Verbesserung der Konzentration 130

Aktivieren des Beckenbodens 138

Den Himmel noch oben schieben 143

Der Korkenzieher 146

Das Boot 148

Der Halbmond 150

Der Taucher 152

Die Planke 154

Die Haltung des Kindes 155

Stille Sitzmeditation 162

Farbmeditation II 172

Aura kreieren 175

»Den einen Punkt halten« 176

Danksagung

Mein herzlichster Dank geht an meinen Freund und Autor Klaus Leimann, der mir während des gesamten Buchprojekts zuverlässig mit Rat und Tat beiseite stand, der nie müde wurde, meine Kapitel gegenzulesen, sie humorvoll zu kommentieren und mir wertvolle Anregungen zu geben.

Auch dem Autor und Yogalehrer Kirti P. Michel gilt mein besonderer Dank für die Anstöße und Inspirationen, die ich im Laufe unserer langjährigen Freundschaft erhalten habe sowie für die vielen gemeinsamen Stunden der stillen Meditation, die für mich zum Anker und Kompass meines Lebens geworden sind.

Herzlichen Dank auch an Stefanie Jabs, die meine Skripte mit unendlicher Geduld gegengelesen und kommentiert hat, und an Alexandra Striewsky (Microsoft Deutschland), die den Microsoft-Mitarbeitern und auch mir die Freude bereitete, die »Lohnende Pause« als Seminar zu organisieren.

Auch für die freundliche Unterstützung des MeridianSpa in Hamburg möchte ich mich bedanken, insbesondere bei Maren Finke (PR) und der Fitnessmanagerin Dorothee Stiller für die Bereitstellung der Räumlichkeiten während der Fotoaufnahmen.

Vielen Dank auch an die Pilatestrainerin und -ausbilderin Julia Staar, die sich als Model zur Verfügung stellte, und an den Fotografen Karsten Breckwoldt für das entspannte Fotoshooting.

Und zu guter Letzt tausend Dank an alle meine Lehrer, die mich auf meinem Weg begleiten, sowie an die vielen Teilnehmer und Teilnehmerinnen meiner Kurse, Seminare und Ausbildungen, von denen ich bis heute immer wieder aufs Neue lerne.

Literaturempfehlungen

Brechtefeld, Britta; Weiler, Ute: *Bodymotion – Pilates in Perfektion.* 1. Aufl. Stuttgart: Haug 2005

Goodrich, Janet: *Natürlich besser sehen.* 11. Aufl. Kirchzarten: VAK-Verlag 2006

Hirschi, Gertrud: *Die spirituelle Kraft des Yoga – Mudras, Asanas, Meditationen.* 1. Aufl. München: Kailash 2005

Klein, Margarita: *Beckenboden – deine geheime Kraft.* 1. Aufl. Reinbek: Rowohlt Taschenbuchverlag 2003

Michel, Kirti P.; Wellmann, Wolfgang: *Das Yoga der Fünf Elemente.* 1. Aufl. Frankfurt/Main: O.W. Barth 2003

Michel, Kirti P.; Wellmann, Wolfgang: *Die eigenen Stärken entwickeln.* 1. Aufl. Bielefeld: J. Kamphausen Verlag 1998

Rinderspacher, Jürgen P.; Herrmann-Stojanov, Irmgard: *Schöne Zeiten – 45 Betrachtungen über den Umgang mit der Zeit.* 1. Aufl. Bonn: Dietz 2006

Scholl, Lisette: *Das Augenübungsbuch.* 1. Aufl. Reinbek: Rowohlt Taschenbuchverlag 1985

Register

Abkühlen 41 f.
Abschalten 20, 27
Abwehrkräfte 115
Adler, der schwebende 48, 62–64
Aikido 176
Aktivität 22, 24
Alltag 10–11, 15–19, 26, 30–32, 35, 39, 48, 74, 82, 135
Anspannung 38, 90–92, 119–122, 171
Antrieb 20 f., 22 f., 24–25, 76, 168, 170
Arme 68 f., 72–74, 78–80, 118
– Stretching für die (*Übung*) 72–74
Armkreise (*Übung*) 79 f.
Assoziationskarten (*Übung*) 182 f.
Atmung 29–45, 77, 120, 134, 163
– Atemtechniken 28, 31, 32–45
– Bauch- 28, 32 f., 86, 122, 125
– den Atem zählen 37, 43
– der lange / gedehnte Atem (*Ujjayi-Atmung*) 35–37, 78 f., 140
– gedankliche Wechsel- 44 f.
– Mond- 41 f., 87
– Nasenwechsel- 42 f.
– Sonnen- 40 f., 42, 87

Aufgehende Sonne, die (*Übung*) 94 f.
Auftanken 16, 20, 34
Augen 95–102, 171
– -sequenz, belebende (*Übung*) 105–108
– trockene 92
– -übungen *siehe* Blick
Augenblick 14, 15, 49
Aura kreieren (*Übung*) 175
Ausflippen und sich abreagieren (*Übung*) 119
Auszeit 16, 20, 25
Autogenes Training 176
Ayurveda 21, 64

Balance, innere 21, 24 f., 42, 59–64, 175 f.
Ball, rollen wie ein (*Übung*) 147
Bandscheiben 83
Baum, der (*Übung*) 48, 61 f.
Beckenboden 135–144, 155 f., 172 f.
– die drei Schichten des B.s 137 f.
– Aktivieren des B.s (*Übung*) 138–140
Beine 125–127
Beinkreise (*Übung*) 125

Bilder visualisieren (*Übung*)
166–168
Blick 80 f.
- Den B. schweifen lassen (*Übung*)
100
- Den B. wandern lassen 81
- Den B. weit machen (*Übung*) 99,
100
- Das Finger-Tor (*Übung*)
100–102
- Eine liegende Acht malen
(*Übung*) 98 f.
- Reinigungsübung für die Augen
(*Übung*) 102
- Schmetterlingsflügel (*Übung*) 96 f.
- Yoga-Augenübung (*Übung*) 97 f.
Boot, das (*Übung*) 148–150
Bore-Out 24
Brustkorb, Öffnen des B.s 77–80
Burn-Out 10, 20, 23–24, 158
Büro, Ausgleichsübungen fürs 36,
40, 67–89, 91, 93

Chakras 172

Dankbarkeitsübung (*Übung*) 179 f.
Dehnung und Mobilisierung der
Beine und Füße (*Übung*)
125–127
Denken, lösungsorientiertes 182
Dritte Auge, das 75
- Auf das d. A. konzentrieren
(*Übung*) 165 f.
Duftmischung *siehe* Öle
Durchblutung 55, 86, 97, 103, 125,
131, 143, 173
Duschen 64–66, 93, 122
- Wechsel- 64–66

Einstimmung 48–49
Ellenbogenkreise (*Übung*) 78 f
Energie 19–27, 31 f., 34 f., 37–45,
47 f., 57–59, 68–71, 75 f., 87,
103, 117, 121, 123, 135, 172 f.,
177–179
- aktivieren 40 f.
- Die drei Grund-n 21–25
- in Einklang bringen 25, 42
- Klang- 177–179
- Lebens- 31, 34, 103, 135
- Sonnen- 41, 173
- Sonnen- tanken (*Übung*) 47 f.,
57–59
- stimulieren 37–45
- -fluss 35, 69, 71, 103, 117, 123
- -schub 19, 27, 38
- -system 20
- -zentren 75 f., 135, 172
Energieleitbahnen 31 f., 38, 40, 69,
103, 121
- anregen (*Übung*) 121
- mondhafte E. (*Ida*) 38, 40
- sonnenhafte E. (*Pingala*) 38, 40
Entspannung 9–12, 17, 20–21,
32, 37 f., 46, 68 f., 71 f., 80–89,
91–96, 99–101, 108, 116–125,
129–131, 141, 145, 155 f.,
160–162, 168, 171–173
- aktive 116–119
- für Hals und Nacken 68, 80–82
- fürs Gesicht 91–95, 108
- für die Augen 96, 99–101, 105
- für Nase und Mund (*Übung*)
111–114
- Ölmischung zur 130
- progressive Muskel- (*Übung*)
120 f., 122

Erfrischung 41, 47, 130 f. 160, 164
- Ölmischung zur 130
Farben 168-174
- Kraft der 169-171
Fels in der Brandung (Übung) 47-48, 49 f., 58
Ferne, in die F. lauschen (Übung) 164 f.
Finger 42 f., 68-77
Fingerübungen siehe Mudras
Freizeit 9 f., 13, 28
Füße 125-127, 130-132
- Dehnung und Mobilisierung der 125-127
- Frischekick für die 130-132
- Fußbad gegen kalte 130
- Selbstmassage für die 131 f.

Gähnen, das (Übung) 92
Gehirn 29, 38 f., 59 f., 74, 86, 98, 166 f.
Gelassenheit 15-17, 21, 23, 25, 31, 35, 42, 49, 139, 158, 166 f.
Gesicht 90-115
- Ausdruck 90
- Mimik 90 f.
- Übungen für ein strahlendes 91, 103

Halbmond, der (Übung) 150-152
Haltung des Kindes, die (Übung) 155 f.
Hände 42 f., 57, 59, 68-77, 162 f.
- durchkneten (Übung) 69-71, 72, 162
- Handgelenke 57
- Handhaltungen siehe Mudras
Hektik 22, 28, 38

Herz, das H. weit machen 77-80
Himmel, den H. nach oben schieben (Übung) 143-145
Hüften 88, 125, 145 f.
- mit den H. laufen (Übung) 145 f.
Hund, der gähnende (Übung) 47, 55-57
Hyperaktivität 22, 40, 110, 158

Indien 11, 18, 21, 31, 64, 69
Indoor Walking (Übung) 47, 52
Innere Lächeln, das (Übung) 64, 77, 93 f.
Intelligenz 75, 160, 165

Karate Kicks (Übung) 48, 53
Katze, die (Übung) 47, 54 f.
Klarheit, geistige 44
Konzentration 31, 34, 44, 42, 69, 102, 108, 130, 139, 150, 160, 165 f., 168, 171, 176
- Ölmischung zur 130
Kopf, den K. frei machen 116
Kopfdrehen (Übung) 80
Kopfschmerzen 91 f., 105, 110, 171
Korkenzieher, der (Übung) 146
Körperhaltung 56, 68, 72, 77, 82, 134-137, 148
Körperreise, die (Übung) 160-162
Kreislauf 52, 64 f.
Kurswechsel (Übung) 181

Lethargie siehe Trägheit
Lichtdusche, die (Übung) 174
Löwe, der (Übung) 92 f., 120
Luftgitarre, die (Übung) 118 f.

Mantrasingen (Übung) 178 f.

Massage 64f., 86, 103–15, 121, 131f.
- Belebende Augensequenz (*Übung*) 105–108
- Beruhigende Schläfen- (*Übung*) 110f.
- Druckpunkt- 103
- Energie- für Gesicht und Kopf 103–115
- Entspannung für Nase und Mund (*Übung*) 111–114
- Haare durchpflügen (*Übung*) 103f.
- Klopf- 121
- Lockerungsübung für Hals und Nacken (*Übung*) 114f.
- Seidenhandschuh- (*Übung*) 64f.
- Selbst- für die Füße (*Übung*) 131f.
- Shiatsu 103
- Stimulierende Klopf- (*Übung*) 115
- Wärmende Stirn- (*Übung*) 108f.
- Wohltat für die Ohren (*Übung*) 104f.

Meditation 40, 48, 102, 135, 159, 171
- Zen- 76, 135, 159, 162,
- Stille Sitz- (*Übung*) 162–164
- Farb- I (*Übung*) 168f.
- Farb- II (*Übung*) 172–174

Mimik *siehe* Gesicht
Mitte spüren (*Übung*) 47f., 50f.
Mitte, innere 44, 59
Mudras 69, 74–77, 80, 163
- für Antrieb und Kreativität (*Übung*) 76
- zum Aktivieren des Gehirns (*Übung*) 74f.

- zur inneren Sammlung (*Übung*) 76f., 80, 163
Muskelentspannung, progressive (*Übung*) 120f., 122
Muskulatur 29, 49, 56, 65, 72, 80, 85, 88f., 91–93, 96–98, 103, 108, 115, 119–122, 129, 134–1341, 147f., 151f., 154, 161, 163
Muße 11, 13–16, 24, 27

Nacken 18, 65–68, 70, 80–82, 89, 96, 98, 114
- dehnen (*Übung*) 82
Nichtstun 12f.

Office-Drehsitz, der (*Übung*) 86f.
Office-Halbmond, der (*Übung*) 85f.
Office-Katze, die (*Übung*) 83f.
Office-Tischhaltung, die (*Übung*) 88f.
Öle, ätherische 129–132
Ölmischung 130
- Fußbad gegen kalte Füße 130
- zur Entspannung 130
- zur Erfrischung 130
- zur Verbesserung der Konzentration 130

Pausen 9–19, 20, 74, 99, 160
Pendel, das *(Übung)* 48, 60f.,
Pilates 134–136
Planke, die (*Übung*) 154f.
Powerhouse 135
- Aktivieren des (*Übung*) 141–143
Punkt, den einen P. halten (*Übung*) 176

Rückenwaage, die (*Übung*) 122 f.
Ruhe 10 f., 16 f., 21, 23, 25–27, 76 f.,
141, 160, 167 f., 171–173, 178
– Weg zur inneren 158 f.

Qi-Gong 135

Sammlung, innere 76
Sauerstoff 29–31, 77, 92, 134
Schneeball formen (*Übung*) 179
Schreibtisch 68, 80, 93
Schultern 56, 68–70, 78 f., 97,
115, 176
– Schulterkreise (*Übung*) 78
– Schulterbrücke (*Übung*)
127–129
Schüttelübung (*Übung*) 118
Schwamm ausdrücken (*Übung*)
175 f.
Schwung, in S. kommen 47,
52–53, 64
Signale des Körpers 67 f., 134, 158
Solarplexus 76, 172 f.
Sonnengruß 57
Spirale, die (*Übung*) 123–125
Start in den Tag 46–66
– aktiver 47 f.
– Blitz- 64–66
– meditativer 48
– sanfter 47

Stimmung 69, 77, 90–93, 129,
169 f., 176
Stoffwechsel 47, 64, 83, 86, 170
Stress 9, 12–15, 26–28, 67 f., 91,
116, 133, 157 f., 171, 181
– erzeugen 27 f.
Summen (*Übung*) 178

Taucher, der (*Übung*) 152–154
Teich, im T. waten (*Übung*) 47, 53
Trägheit 21 f., 23 f., 25, 27
Trippeln wie ein Boxer (*Übung*) 48,
53

Verspannungen 57, 67 f., 70, 96,
110, 118, 121 f., 134, 171, 173
Vokalraumübung (*Übung*) 176 f.

Wellness 11 f.
Wirbelsäule 54, 68, 77, 82 f., 86 f.,
135, 137, 172

Yoga 10, 17 f., 21, 31, 35, 38 f., 57,
68, 74, 86, 97, 129, 135

Zähneknirschen 91
Zentrierung 44, 48–52, 59, 76,
135, 177 f.
Zufriedenheit 25, 168, 171, 180

Dr. Michael Despeghel
LEBE DEINEN LIFE-CODE
Mühelos fit und gesund
2007 · 227 Seiten · Gebunden
ISBN 978-3-593-37957-9

Entdecken Sie Ihren Life-Code!

Gesünder essen, mehr Sport treiben, bewusster leben – den gewohnten Lebensstil zu ändern fällt vielen Menschen schwer. Michael Despeghel erklärt, warum das so ist und wie wir es trotzdem schaffen können: Denn ein großer Teil unseres Verhaltens beruht auf unbewussten emotionalen Impulsen einer vor Urzeiten angelegten Gehirnregion, dem sogenannten limbischen System.

Auch als Hörbuch erhältlich!
2007 · 2 CDs · 120 Minuten
ISBN 978-3-593-38292-0

Gerne schicken wir Ihnen aktuelle Prospekte:
vertrieb@campus.de · www.campus.de **campus**

Gert und Marlén von Kunhardt
KEINE ZEIT UND TROTZDEM FIT
Minutentraining für Vielbeschäftigte
2007 · 151 Seiten
ISBN 978-3-593-38381-1

Jederzeit und überall trainieren

Für Vielbeschäftigte ist Bewegung nicht nur ein notwendiger Ausgleich, sondern auch wichtig, um im stressigen Arbeitsalltag leistungsfähig bleiben zu können. Doch wer hat schon Zeit und Lust, nach einem langen Arbeitstag noch anstrengende Trainingseinheiten im Fitnessstudio zu absolvieren oder stundenlang joggen zu gehen?

»Trotz Stress und Motivationsloch schnell und einfach fit werden? Mit diesem Programm klappt 's.«
Fit for Fun

»Sehr hilfreich, gerade für Workaholics.« Myself

Gerne schicken wir Ihnen aktuelle Prospekte: **campus**
vertrieb@campus.de · www.campus.de